不装

领导力就是

游戏化思维
引领管理变革

李顺军｜著

DON'T
PRETEND
TO BE
A LEADER

中国出版集团 东方出版中心

图书在版编目（CIP）数据

领导力就是不装：游戏化思维引领管理变革 / 李顺
军著. -- 上海: 东方出版中心, 2020.10
　ISBN 978- 7- 5473-1710- 5

　Ⅰ. ①领… Ⅱ. ①李… Ⅲ. ①领导学-研究 Ⅳ.
①C933

　中国版本图书馆CIP数据核字（2020）第200062号

领导力就是不装：游戏化思维引领管理变革

著　　者　李顺军
策　　划　文字力量
责任编辑　马晓俊
封面设计　今亮后声 HOPESOUND panikouyuqu@163.com · 小九

出版发行　东方出版中心
地　　址　上海市仙霞路345号
邮政编码　200336
电　　话　021- 62417400
印 刷 者　山东韵杰文化科技有限公司

开　　本　710mm×1000mm　1/16
印　　张　15
字　　数　154千字
版　　次　2020年12月第1版
印　　次　2020年12月第1次印刷
定　　价　58.00元

目　录

自 序

一、为什么说领导力是装不出来的

你身边是否总是充斥着这样的领导？

（1）自以为是：他们永远都觉得自己是对的，觉得部下都不如他们英明。

（2）高高在上：一定要坐主位，一定是发言最多的——大多是废话，也要前呼后拥，得有人开车门等。

（3）牛哄哄：以地位和权力压别人，让别人服从。

（4）自上而下：所有的决策都是要求、命令、控制、约束，自上而下，部下的意见和建议很难得到真正的重视。

…………

这些状态可以说是一些传统式领导者常有的。他们喜欢装，不行也得装得像个领导，似乎这样他们就拥有了领导力。

但事实真是这样吗？或者换句话说，在90后成长为职场中坚力量、00后怀揣梦想初入职场，高学历、知识型员工越来越多的当下，这样的传统式领导者还有领导力吗？还能引领变革，逆风飞翔吗？

那种只要拥有了权力就等于拥有了一切的管理时代翻篇儿了，新时代以及新人群对领导者提出了更高的要求。20世纪六七十甚至80年代的人，他们会把领导者当回事儿，喜欢往领导者身边凑，而如今的千禧一代往往喜欢躲着一些所谓的领导者，甚至有人当领导的面说他们"傻"。这在过去是完全不可想象的事情，领导者的权威从来没有像今天这样被解构得如此不堪。

作为一个从底层做起，一步一个脚印地成长为一家拥有2 000余名员工的连锁企业的高级管理者，我以自己10余年的管理研究和实践总结出了一句话：领导力是装不出来的，恰恰相反，不装才能拥有真正的领导力。这句话还有一个前提，那就是领导力不仅对领导者重要，它更是每个人都应该学习的能力。那么，接下来，我们就一起探讨一下到底什么是领导力。

二、我对领导力的认知

很多人把领导力神化了，认为只有一些有特殊才能的人才拥有领导力。但事实并非如此，这从对领导力的研究脉络中可见一斑。领导力研究，从最早的人格特质，到领导行为，再到后来基于领导者、追随者和情境的综合研究，研究者逐步揭开了领导力的神秘面纱，让领导力研究变得接地气，并且是人人都可习得的能力，而不是某一群体、某一个人独有的特性。

正如著名的领导力理论研究大师沃伦·本尼斯在《领导者》一书里提出的："领导者是后天造就的，而不是天生的；领导者是普通人，魅力来自领导力，而不是领导力来自非凡魅力……"

我亲历过大型企业变革，做过顾问帮助其他企业变革，目前亲自带领企业进行变革，加上研究了市面上几乎所有关于领导力的著作，研究加上实践让我对领导力有了更为深刻的认知。以领导力为核心的组织管理研究与实践，以及以自我发展为核心的个人管理，将是我一生研究与实践的主题。

下面谈谈我对领导力的认知。

2015年，当我所在企业进行组织变革时，我与企业的中高层管理者一起探讨了一下到底什么是领导力。经过大家热烈的探讨，我们总结出领导力应该有如下特点：

第一是一呼百应，就是你得有影响力，能感染到团队，别人愿意追随你，愿意听你号令。

第二是员工再苦再累也愿意跟着你干，员工不仅仅是因为薪酬或其他个人功利目的跟着你干，他们愿意跟随你去创造价值和克服困难。

第三是你深得人心，大家信任你，彼此没有芥蒂。

第四是团队执行力很强，能快速行动并保证成果。

第五是能快速地培养人才，人才能不断涌现。

第六是你在和不在都能保证成果，这是非常关键的。你在的时候能保证成果，那只能说明你的强制性权力在影响着大家；如果你不在时，大家还能够呈现出同样的成果，这才是你领导力的真正体现。

第七是团队遇到难题迎难而上，不退缩，即使面对困难重重的局面，团队也能激情高涨地去通过自己的努力克服困难，而不是消极逃避。

　　第八是大家愿意跟你说真话，不藏着掖着，员工愿意把心里话告诉你。

　　通过以上8个领导力特点的总结，可以看到很多在实践中做管理的领导者，他们虽并不懂理论，但对领导力的界定跟那些研究大师们的定义是很接近的。

　　尽管对领导力的定义五花八门，但大家内心都能感受到，就算讲不出来，它也深藏在每个领导者内心中。领导力就是一种影响，一种超越管理能力的能力。同样的机制和管理方法，你会发现不同的管理者之间存在巨大的差异，这背后就是领导力的差异。

　　结合多年领导企业的实践，我将领导力提炼出以下三个关键点。

　　第一个关键点，就是你能有进行管理变革、引领大家去解决难题的能力。管理变革，有很多种方式，而我建议用游戏化的方式助推管理变革。

　　对于今天的组织来讲，变革是一位领导者必须具备的能力。时代在变，环境在变，市场在变，情境在变，只有不断变革，才能确保做正确的事情；否则，他就只是在管理，只能按既有的规则做事情，而无法真正地领导组织走向未来。

- 如果你的企业很糟糕，你必须通过变革让企业管理步入正轨。
- 要是企业管理水平一般，你需要让它管理得更好，这也需要变革。
- 那如果企业管理得很好呢，要不要变？更要变。

　　哈佛大学教授克莱顿·克里斯坦森（Clayton M. Christensen）在《创新者的窘境》中提出了著名的管理悖论，即导致企业失败的原因往往是管理得太好而不是太差。他说："良好管理正是导致领先企业马失前蹄的主因……许多目前得到广泛认可的良好的管理原则，实际上只适用于某些情况。"

管理是有边界的。管理是实践的手艺，它无法包治百病，也无法永恒不变，更无法做到永恒正确，它必须结合具体的企业情境及时代环境进行变革，无论多好的管理方法与原则都有失效的时候。因此，在你看似管理得很好、都在坚持对的管理时，或者说用最好、最正确的管理原则时，其实已身处风险之中，因为你往往会忽视危机，进而陷入自满甚至自以为是的状况中，必然为企业埋下隐患。

哥德尔不完全定理也提出：凡是自洽的必是不完全的。好的管理，看似完善必然有其漏洞与风险。

- 管理没有永恒的真理，只有永恒的实践；
- 管理没有绝对的正确，只有持续的有效；
- 管理没有通用的方案，只有具体的策略。

由此看出，企业管理好的时候更需要变革。因为只有不断进行管理变革，你才能确保做正确的事，才能发挥你的领导力。

第二个关键点，就是成就他人、成就团队，让人才涌现，引领大家打胜仗的能力。

领导者再优秀，没有优秀的人才，也无法达成目标。管理是通过他人取得成果的，你必须有优秀的团队，才能获得成果。

成就他人、成就团队，让人才不断涌现，引领大家不断取得胜利，获得一个个工作成果，你才拥有领导力。

第三个关键点，就是你能够自我变革，不断突破自己，然后不断让自己成长，领导者通过自我修炼，最终造就自己的能力。

无论是管理变革还是让组织人才涌现，前提都是领导者自己改变。可以肯定地说，领导者的自我变革，是一切变革的前提。

我们可以确认的是，领导力不是天生的，它是后天培养的。但它不是普通的培训能解决的，也不是外人能解决的，只有靠自我修炼来解决。

这三个关键点，构成了领导力的重要组成部分。对一个领导者来说，只有在这三个方面下功夫，才算是做正确的事情。

三、领导力的三个关键点要求领导者不装

（一）领导者只有不装，才能推动管理变革

进行管理变革，引领团队解决难题，在当今这个时代，首先要破除权威、虚荣、既得利益、组织惯性，要破除传统领导者身上的这些固化习性，领导者必须改变原来团队的操作模式或者工作方法、方式。

但凡领导者只要是在装，那他就会扮演权威，就会把自己摆在高高在上的位置，捍卫自己的面子和虚荣，捍卫自己的既得利益，沿袭过往的工作模式而不去改变。想要打破这些东西，你必须真实地面对自己，你要承认自己的无知，承认自己的缺陷，承认自己不是万能的，这样才能够真正让组织有变革的可能性。

身边很多企业不断从神坛跌落，它们有一个共性，就是企业最高领导者显得无所不知，相信自己是万能的，从而不断去挑战专业团队，以显得自己聪明绝顶。然而，老板看似智商水平最高的时候，团队往往智商水平最低。老板把风头抢完了，团队就显得"愚蠢不堪"。真是团队不行吗？

不是，老板在装智慧与聪明时，团队只能"在大树下乘凉"，收敛自己的智慧和聪明，久而久之就变得真弱智了。

（二）领导者只有不装，才能由原来的关注自己到关注他人，才能让团队人才涌现，最终引领团队去打胜仗

有没有领导力，是由有没有追随者定义的。它不是由领导者自己定义的，也不是由权力定义的，更不是由职位定义的。

别人凭什么追随你？一定是你能成就他们。

而传统的很多领导者是这样一种状态：他们往往更多关注自己——自己舒不舒服，自己的地位怎么样，有没有面子；他们有极强的控制欲，无法完全信任部下，想通过各种途径去控制部下；他们以自我为中心，认为所有人都应该围绕着他转；他们会不停地下命令去要求别人做事情，认为自己都是对的，部下都不如他。

这样的话就会与我们所倡导的成就他人、成就团队理念完全相反，是违背的。这些关注自己、控制欲强、自我中心、命令他人的一些现象，其实都是装的一种体现。他们想要扮演权威，或者扮演着领导人的这种所谓的正确的方式，必然导致没办法去成就他人、成就团队，引领团队去打胜仗。他们往往自我感觉良好，但是没办法保证团队成功，所以他的领导力是很难体现的。

领导者需要真正放下自己，而不是装得高高在上，他才有可能去成就他人、成就团队，最终引领团队打胜仗，这样才能够让人才真正地涌现出来。这就需要由原来的关注自己转向关注他人：关注他人的成长，关注他人的感受，关注他人的进步；由原来的控制转变为赋能，给团队提供更好的资源和支持，让团队能够更好地去实现目标；由自我中心转变为以团队

为中心，支持团队去实现目标；由一味下命令转变为尽可能减少命令，同时又能释放团队潜能，让团队实现自主管理。

（三）领导者只有不装，才有可能产生学习的动力，才有自我变革的可能性，不断去突破自己、让自己成长，最终成就自己

针对领导者的自我变革，很多人会问，该变革什么？领导者要有清晰的自我认知，要有很强的自省能力，要有极强的学习力，以及极强的自我调适能力。那这些方面我们如何做到？一是要让领导人，尤其是位高权重的领导人——企业的高管，包括中高层这些领导者破除自恋，必须真实地面对自己，敢于否定自己，敢于打破自己，那么他就不能装，他装的话就做不到这样。二是要进行自我变革，必须在不装的前提下。一旦装了之后，领导者就很容易自我认知不清，很难去反省自己，而容易去挑别人的毛病，因为他觉得自己都是正确的；也很难具备学习力，因为他可能觉得自己的经验都是对的，自己的资历比别人都强，哪还有学习的可能性；他也不可能调适自己，因为调适自己就会面临纠偏，纠正自己就会不舒服，或者否定自己。

总结一下，就是领导者只有通过管理变革让组织跟着时代步伐，通过成就他人、成就团队让人才涌现，通过自我变革来进行自我修炼，才能呈现领导力。而这一切的基础，就是领导者不装；一旦领导者装，这些领导力的关键点都无法呈现，领导力也就无法呈现。

因此，我说：

> 领导力就是不装，不装才能拥有领导力。

四、整个"领导力就是不装"话题构成我对领导力研究的三部曲

打头阵的便是本书:《领导力就是不装——游戏化思维引领管理变革》,在这里我重点写管理变革,即如何进行管理变革,引领整个团队来解决难题。本书分为以下四部分:

第一部分重点探讨传统管理的问题,传统的科层制管理模式——这是目前大多数企业在使用的管理模式,其存在很大的问题:一是完全落后于今天商业发展态势;二是传统的管理模式存在着管控下的枯燥、封闭下的迂腐、金字塔下的压抑、信息不对称下的低效等常见的典型问题,这又进一步让管理失效;三是传统的科层制管理模式,也就是产生官僚体制组织的三大毒瘤,即地位性懈怠、成就性傲慢、权力性放纵。这些问题的存在,让我们组织活力低下,员工敬业度极低。

第二部分重点探讨面对传统管理的问题,如何进行管理创新。我们必须进行管理创新,用质疑传统管理、撕开利己主义者的面纱、用好奇心拥抱新规则、关注非主流等方式进行创新,管理才有未来。游戏化管理创新,是管理创新的一种尝试,也是对我们传统观念的一个极大挑战,确实值得去尝试的,它会给我们带来极佳的体验,能很好地激发组织活力。

第三部分重点探讨游戏化管理变革的根基。游戏化管理变革很多时候会挑战传统的管理规则和管理假设,它需要通过思维变革、组织文化进化、组织架构变革、制度流程优化和人才结构优化打造一个良好的变革环境,才能最终得以实现。

第四部分是本书的重中之重,即游戏化管理的实践。游戏之所以好玩,是因为它具备目标明确、规则清晰、反馈及时、自愿参与4个重要的

特征。如何通过游戏化管理的方式让组织目标明确、规则清晰、反馈及时、自愿参与，本部分会围绕实践案例与理论分析来解读。

本系列的第二本——《领导力就是不装——组织人才涌现之道》，将重点探讨如何成就他人、成就团队，引领大家打胜仗的能力，即如何让人才涌现。

本系列的第三本——《领导力就是不装——领导者自我修炼之道》，将解读领导者如何进行自我修炼，通过进行自我变革和自我成长，最终练就自己的领导力。

第一部分

为什么现在的管理需要变

导　读

先来思考几个问题：

1. 为什么员工敬业度如此之低？

2. 落后于商业发展的管理是否还有效？

3. 传统管理到底存在什么问题？

4. 烂企业与好企业的区别是什么？

5. 为什么现在的管理要变？

在国内管理界存在五派混战的局面，使得管理看似热闹——我们做了大量的管理活动，员工的敬业度却很低。

产生于工业时代的科层制管理模式，完全落后于今天的商业发展态势。管理是实践的智慧和手艺，它源于实践并且指导实践，很明显，今天的大多数管理没有很好地服务于企业实践，它们成了商学院自己关起门来玩的游戏。

传统的管理模式存在着管控下的枯燥、封闭下的迂腐、金字塔下的压抑、信息不对称下的低效4个常见的典型问题，这又进一步使管理失效。同时，传统的科层制管理模式，也就是产生官僚体制组织的三大毒瘤，即地位性懈怠、成就性傲慢、权力性放纵。

我们不得不去面对管理学的现状，以及无法克服的传统管理痛点，我们也必须明白烂企业与好企业的区别是什么。当我们清楚地看到现在管理的问题后，我们就有了变革的动力和可能性，否则我们还会抱残守缺，永远也无法解决组织活力的问题。

第一章　尴尬的管理
——20年目睹之管理怪现状

在管理领域，各种商学院风行，各种培训课程爆满，各类大师层出不穷，各种理论概念不断被提出，各种企业案例被大肆宣扬。看似高大上和热闹非凡，而实际上鱼龙混杂，复杂的理论与经验化的实践，以及江湖术士、骗子一堆，不少企业遭祸害。

下面我们就来梳理一下管理学，窥视管理的真相。只有我们看到了问题的本质，才能引发我们变革的可能性。

没有任何一门学科像管理学那样，既庞大复杂又没有确定性答案，有时好像一团迷雾——可以把你整得很糊涂，有时又像一阵清风——可以让你很清爽。看看这些管理名词：领导力、战略、人力资源、组织再造、组织变革、流程管理、质量管理、绩效管理、运营管理、项目管理、赋能、激活个体……你再去书店看看关于管理的书籍，真是汗牛充栋，让人眼花缭乱。

看到这些管理名词和书籍，似乎管理学发展得很完善了，好像管理很精细、很牛，好像管理发展到了极致，发挥了很大作用，很有效的样子。但实际情况却并非如此！

深入研究你会发现，有时一堆管理学概念都是一些只读书而从不接触企业的所谓管理学家杜撰的概念，对实践毫无指导意义。而且许多管理研究，往往把整体割裂成单个部分变量，以为把变量研究明白了就搞懂了整体，这种基于机械世界观的管理研究往往不能把握管理的真相。管理通常是混沌的、复杂的，它不是线性的简单因果关系。

把这些所有的管理理论都学一遍，估计很多人就不会干管理了，因为它们往往彼此矛盾和冲突——站的角度不一样、情境不一样就会不同，甚至废话连篇、错误连篇。这种空洞的概念、没有实践的意淫管理思想充斥在管理学里。

管理如迷雾一样存在，我们如何去辨识真相？

一、管理领域存在的"派系"

目前，管理领域实际上有五个"派系"，他们各自为政，都在竭力宣扬自己才是最好的管理。

（一）学院派

学院派以各大高校的商学院为代表，现在几乎成了主流，管理的概念和理论大多来自学院派。企业家和管理者趋之若鹜地涌向商学院，学费从几万元到几百万元不等。

学院派一些学者搞出复杂的概念和管理模型，写出复杂的管理论文和著作，把管理搞得极其复杂，恨不得把所有变量和因素都涵盖进去，使真正实践的管理者连看的兴趣都没有，或者压根儿看不懂。

这些所谓的学院派管理学者很多自己从来没有真正实践过管理，讲给别人行，自己却做不来。

中国管理研究国际学会创会主席、美国管理学会前任会长徐淑英，在中国人民大学2018年首届中国管理模式全球论坛演讲时说："我们观察到现在的商学院的研究其实停留在20世纪的问题上，教科书里面的内容已经相当落后了，需要现代化，需要研究21世纪的问题和创造21世纪需要的知识。"

明茨伯格专门写了一本书《管理者而非MBA》批评MBA教育的失败，他说："MBA项目不仅仅在培养管理者方面遭遇了失败，而且还给学生们留下一个对于管理的错误印象，使他们在踏入现实时，对我们的组织和社会造成伤害。"[①]他同时在书里坦言自己没有取得MBA学位，在教了15年MBA后，他忍无可忍，要求管理学院的院长减少他的教学任务，并降低他的薪资，他说："这只是因为我发现，在我认知的管理实践和认为意在培养管理者的课堂教学之间，存在着太多脱节。"

明茨伯格像管理学领域的唐吉诃德一样，独自揭开商学院的面纱，真实地反映管理学教育的现状，他是一个特立独行的英雄。管理学需要这样的人物，只有在不断的挑战和质疑中，管理学才能得到真正的进步。如果任由现今商学院的教育方式蔓延，管理只能越来越落后于商业发展，只能越来越偏离于实践，最后成为一门枯燥无味的尴尬学科。

学院派更糟糕的状态是，他们向自然科学靠拢，去研究复杂的模型和变量，以提升自己在学术界的地位，而忽视了实践的有效性，然而这些研究对于实践来说是毫无意义的。管理学是指导实践的学科，它诞生时就伴随着世俗气息，商学院刚成立时就叫"职业学院"，培养的人是在毕业后就能做职业经理人的人。

不像自然学科只研究抽象理论就可以了，泰勒、法约尔等都是在实践中总结出的管理理论，他们也开创了管理，直到德鲁克创建了整个管理学科，但德鲁克也是实践总结，从研究通用这些企业中提炼管理知识。"要提升'学科地位'就是换位研究范式，使用自然科学研究自然界的研究范

---

① 亨利·明茨伯格著，杨斌译：《管理者而非MBA》，机械工业出版社2013年版。

式，来研究公司和市场中人的行为；追求科学研究的严谨性、检验的信度效度，采用模型、使用抽象的经济分析、统计多元回归和实验室心理学。管理学研究由最早的泰勒和法约尔式的'扎根实践'和'提炼经验'，变为了学院派的'抽象概念'和'科学理论'。"[①]

基于这种现状，徐淑英教授高声呼吁"商学院教授们别躲在象牙塔里"，要"转向负责任的研究：创造有用且可靠的知识"。在2019年12月12日，由浙江大学管理学院承办的中国首届"服务社会的管理研究"峰会上，10所中国C9+管理学院/商学院共同发表了"I will"声明：未来将共同采取行动，全力引领中国管理学界，开展"服务社会的管理研究"！

这10所中国C9+管理学院/商学院分别是：浙江大学管理学院、北京大学光华管理学院、复旦大学管理学院、清华大学经济管理学院、上海交通大学安泰经济与管理学院、哈尔滨工业大学经济与管理学院、南京大学商学院、西安交通大学管理学院、中国科学技术大学管理学院、中国人民大学商学院。这10所中国顶级商学院共同承诺："中国管理学术的正当性，不仅仅表现为国际学术期刊上发表的论文，不仅仅表现为建多少个一流学科，更应反映在揭示中国管理智慧，解决社会发展的现实问题……"

这是一大进步，也就是说商学院也知道他们的问题所在。但遗憾的是，商学院仍然在一个人跳舞。尽管这些商学院都是国内顶级的，但这样的事情只有商学院自己在一起玩是很滑稽的。

以上介绍了学院派让管理远离实战，慢慢向自然学科靠拢的现状，这很糟糕。因为管理必须回归到实践，同时它也必须来源于实践，它不能独立于实践而存在。然而现在整个管理学的话语权似乎都被学院派把控，一

---

① 参考微信公众号"书博者说"文章：《管理学的尴尬》。

个原来要源于实践、深入实践的学科，最后被众多只愿研究理论不愿实践的学者把控，这是极其荒唐的事情。

（二）实战派

一些实践管理者，往往把自己的个案经验总结出来，缺乏提炼与规律的挖掘，往往忽视管理是有边界的，又难以获得管理学者的认可；一些人把自己的实践夸张，隐藏了一些真实情境，往往照好的说而把不好的隐瞒掉，这也容易误导别人；还有一些人，完全胡说八道，夸张扭曲真实的实践，以显得更高大上，进而美化自己，他说给别人的却不是自己干的，故意把高大上的东西展示出来，把一些真正的苦功夫拿掉，这就完全是毒药，更害人的是还出书，拿一些低级、狭隘、肤浅的表面实践来祸害别人。

把个案当至理，自以为是的实战派，忽视管理的边界和情境，会误导他人。

当然更多的实践管理者是不读书的，他们也不愿意总结和学习理论，只是用经验在领导团队，没有系统的工具和方法，不断地在低水平层次上重复，干了几十年管理，可能水平停留在10年前，这也导致管理很难发挥它应有的作用。

而像泰勒、德鲁克这样深入实践研究，走访企业、研究企业再提出理论的，像明茨伯格、克里斯坦森，以及一些虽然在大学但能真正深入企业、研究企业、跟踪企业的，我认为他们都是实践派，所以他们的理论往往有很强的生命力。管理理论跟其他理论不一样，只有来源于实践才更有生命力，实践的深度与厚度跟它的生命力成正比。但可惜的是，这样的管理学家太少了。

（三）忽悠派

搞管理研究的大师不真正了解管理实践，搞管理实践的又往往鲜有理论素养或者胡乱总结，这种使管理学变成两派分离的局面，就已经很糟糕了。更离谱的是国内的一些培训公司包装出伪管理大师，他们讲伪管理知识，用故事代替管理——动物故事或历史故事，比如：拿《亮剑》来讲管理，而上当的人不在少数。这种是最害人的，不仅不能帮助你，还会给企业喂下毒药。

当把一个实践的管理活动，用一些动物故事或特殊时期的历史故事来推演时，就忽略了边界、情境、逻辑，这比偏离实践的纯理论更有害，因为复杂的理论你可以不学或者压根儿学不会，但这些粗陋简单的故事容易被人接受，它还会直接把你带偏。

在管理领域最知名的一个管理故事莫过于"鹰之重生"。故事是这么讲的：老鹰是寿命最长的鸟，可以活到70岁。当它活到40岁时，喙、爪子、羽毛都已经老化，这时它必须飞到悬崖上，用岩石把喙敲掉让新的喙长出来，把指甲拔掉让新的爪子长出来，把羽毛拔掉让新的羽毛长出来，5个月以后才可以重新飞翔。这样它可以再活30年。

很多从事管理、培训或者被管理、培训过的人，都听过这个故事。好似有道理，领导者爱讲，员工爱听。以此来激励我们奋斗、变革，一只老鹰都能做到，难道作为人你做不到吗？

然而这个故事是假的，用一个假故事来解读人或组织的变革，它本来就错了。现有的记录表明，老鹰的平均寿命最长约37岁（有一只安第斯神鹰在人工饲养下寿命达73岁），小型一点的猛禽如鹫、鸢甚至活不到10年。

这个"鹰之重生"的故事，它之所以广为人知，是TCL集团总裁李东生当年在收购汤姆逊与阿尔卡特之后，公司面临巨亏，为了激发内部变革而常引用的故事，以后在我国广为流传。财经作家吴晓波老师的出版公司蓝狮子还出了TCL的传记《鹰的重生》。

还有就是一些培训公司会疯狂地卖课，用宏大的场面等心理控制手段来忽悠你掏钱，或通过洗脑的方式让你冲动，然后再用托儿让你不断掏钱，然而结果是耗费了大量时间学了一堆毫无作用的概念和空洞不接地气的知识。

更有一些咨询公司把简单的问题复杂化，搞出复杂的演示文件或文本手册，大量的时间成本和金钱成本花出去了，却只能放在办公室里成为"装饰"。更糟糕的是，他们用理论代替实践，用看似专业复杂的工具、方法论来指导你，然而这些理论可能都是错的。"不幸的是，数据和杰出的管理研究往往无法证明理论的可靠性。管理学理论在成为大家普遍接受的知识之前，很少经过同侪审查或第三方验证。"①

（四）国学派

这种独特的管理学在中国生根发芽一点也不奇怪，因为中华文化源远流长，有着丰富的国学经典。任何学科都有它的时代背景、逻辑结构、适用边界，把国学与管理学扯在一块，是很有问题的。

然而国内一些所谓的大师，把伪国学跟管理学扯在一块，这就很害人。伪国学本来就害人，再把一个害人的东西运用到一个极具实践性的管理领域中，简直就是要命。

---

① 亨利·明茨伯格著，闫佳译：《管理进行时》，机械工业出版社2014年版。

这样的伪国学著作，本来就没有真正传达国学经典的思想，而是在特殊时代背景下产生的肤浅、低级的思想，再搬到管理领域，就特别容易误导。

（五）无知派

无知派用颠倒错乱的知识、狭隘的经验化知识、缺乏基本常识的知识指导别人。这是最有害的一派，它直接可以把你的企业坑死，当然是最需要警惕的一派。

国内有不少这样的管理顾问和咨询公司。我的一位朋友的公司就请了一名这样的顾问，一年给50万元的顾问费，结果干的第一件事就是把企业原来做的股权激励给停掉了，导致高管纷纷离职。当现今大家都在谈合伙制、平台制时，他把企业往相反的方向拉，这不害死企业才怪。

无论是理论派缺乏实践，还是实践派不读书、不总结、不学习理论，或者伪管理大师忽悠以及用伪国学代替管理，都不是真正的管理，都是有害的。目前这5种情况还比较普遍，你可以想象以这样的管理学服务的企业结果会怎么样，也不难理解为何国内优秀企业总是凤毛麟角。

管理是实践的艺术或手艺，必须在解决实际问题中才能检验管理的有效性。正如德鲁克说："管理是一种实践，其本质不在于'知'而在于'行'；其验证不在于逻辑，而在于成果；其唯一权威就是成就。"实践是丰富多变的，因此管理也就变得丰富多变。

明茨伯格说："管理是一种实践，是经验的积累，必须因时因地制宜。高效的管理更依赖艺术，尤其仰仗技艺。艺术是在'直觉'的基础上产生'洞察力'和'想象力'的。技艺则强调从经验中学习，管理者要在实践中摸索和解决问题。"[①]

管理就像游泳、书法等，不跳进游泳池只是学习游泳理论你永远不会游泳，不去大量地练习只是学习书法理论你永远不会书法，但同时你想游好和写好书法，又必须在跳下去游和大量写书法同时学习游泳和书法理论知识。管理也是如此，只停留在理论研究，你永远不懂管理，毕竟它不是自然科学，不能只研究抽象概念或做理论推演，它是一门极具实践性的科学；但若只是一味实践你难成高手，只有在大量实践的同时不断去学习管理知识、总结管理经验你才能成为高手。

当然，在这里我要特别说明，我是基于面向真实管理情境的管理学思考，提供一些供大家思考的角度。我只是讲了一些管理学界普遍的现象，并不是所有人都这样。学院派里也有扎根实践的学者，而实践派里也有既懂实践又懂理论的高手，国学派里也有真正的高手——只不过少之又少。我只是评价了一种现象，并不意味着我否定所有，我无法在表达一个观点时穷尽所有现象，这也不现实，因此希望大家不要误解。

当一个东西复杂到烦乱时，必然会在应用上打折扣。而这不是最可怕的，最可怕的是大家穿着新鞋去走老路，坚守过时的理念去指导新实践。拿过去的陈旧模式和信念指导新时代的组织运营，看似很有道理，但往往难有成效，辛苦半天发现都是无用功。

二、企业员工敬业度为何这样低

下面我们用数据来论证管理学这个学科到底创造了什么价值。

盖洛普公司2011—2012年对全球142个国家和地区的员工进行了工作

---

① 凯伦·菲兰著，张玄竺译：《抱歉，我搞砸了你的公司》，北京时代华文书局2014年版。

投入程度的调查，全球敬业员工比例仅为13%，而中国远远低于世界水平，敬业员工比例只有6%。这是7年前的调查数据，今天的数据呢？最新数据也不容乐观，研究机构ADP Research Institute（ADPRI）针对19个国家1 000多名在职成年人的调查显示，全球范围内大约只有16%的员工全身心投入工作，而大约84%的员工只是在走过场混日子。"员工敬业度是在业务部门层面推动员工生产效率的因素，过去40年来美国人均生产率一直增长乏力，仅维持在每年略高于1%的水平。英国和德国等其他发达国家似乎表现得更差。"[①]

　　尽管这些数据不一定客观，比如样本不全、基数不够大等。但这不重要，重要的是现实，真正的现实可能比这些数据还难看。回头看看自己的企业，员工工作有热情吗？工作认真吗？工作投入吗？这三点是检验员工敬业的关键指标。会不会出现100%的员工都不敬业？会不会出现很多员工都只是为了一份工资在混日子、磨洋工、当一天和尚撞一天钟？更有甚者拿着你的钱占着职位却在骂你，更可怕的是拿着你的钱占着重要的职位却在不折不扣地搞垮你的企业。不要说你的企业没有，仔细到一线去看看员工在工作中的热情度、投入度、认真度如何，或者去宿舍听听员工都在说什么，你就知道你的员工是不是真敬业了。

　　通过这些数据和事实让我们不得不思考，为什么敬业度如此之低？如此之低的敬业度，它会给企业带来什么？

　　凡是有点常识的人都知道，当员工敬业度很低时，他们的工作效率和成果是无法保证的，这必然导致企业提供给客户的产品和服务是无法保证的，这就很难为客户创造价值。敬业度决定性地影响着顾客满意度，顾客

---

① 马库斯·白金汉、阿什利·吉德："让员工更敬业"，《哈佛商业评论》2019年第9期。

满意度又决定性地影响着企业的生死存亡。而员工的敬业度，直接由我们的管理决定，敬业度如此之低，充分说明了我们的管理是失效的，或者说是失控的。

你做了那么多管理动作，可能都是无效的、多余的、负面的，管理最怕乱动作，过多的乱动作会给团队带来灾难。回归管理的目的思考，管理的目的就是创造价值，它通过提升效率和创造成果来为员工创造价值，最终为顾客创造价值。很明显，传统的管理没有实现它应有的目的，没有任何一项活动，像管理这样没有价值或效果之差了！

如此低的敬业度，就像给了我们研究管理与实践管理的人一记重重的耳光，众多教授在研究和讲授管理，企业里有众多管理者在实践管理，如此多的管理书籍、如此多的管理理论被推广，如此多的管理学概念被界定，随着企业发展组织架构越来越细、越来越复杂，而结果却如此之糟糕。我们是不是该反思一下呢？那些大谈管理概念和理论的人是不是该反思一下呢？那些干了多年管理的实践者是不是该总结反省一下，去读读书呢？那些无耻的伪管理大师是不是该摸着自己的良心扪心自问一下你传授的管理是不是会害人呢？

敬业度调查暴露了管理的真相。这充分说明我们有很多所谓的管理理论和管理实践是无效的，它只是表面上看起来好看或有用，只是逻辑上的自洽而已。管理是实践的手艺，它必须用实践去检验。如果说有唯一衡量管理效力的标准的话，我想它就是员工的敬业度，足够的员工敬业度是确保企业成功的基础。

这就是管理的尴尬！表象看，管理学很热闹，真正落到实际，管理却很落寞。

除了上述这些管理乱象外，传统管理模式和管理机制还会给企业带来以下4个常见的问题：管控下的枯燥，封闭下的迂腐，金字塔下的压抑，信息不对称下的低效。我们将在下一章予以探讨。

▶ 小结问题

1. 你的企业是否遇到这五派问题？

2. 你的企业员工敬业度如何？

3. 面对组织管理现状，你是否采取了行动？效果如何？

第二章　传统管理之痛

除了前文提到的五派分离的乱象外，诞生于工业时代的管理本身也存在很多问题。

一、管理落后于商业发展

管理既然是实践的智慧或手艺，就必须贴近实践，只有能解决实际问题的管理才是有效的管理。管理必须匹配商业与时代的发展，它要为经营服务，不能脱离实际商业活动而独立存在。"管理是服务，最直接的意义就是管理始终为经营服务。"[①]

由农业时代到工业时代，再到今天的互联网时代或信息时代，时代变迁，人群结构变化，推动商业发展、技术变革，但似乎我们的管理思想却没有大的变化，"与20世纪后半叶发生巨大变革的技术、生活方式、地缘政治相比，管理就像一只缓慢爬行的蜗牛"[②]。

如今我们的管理思想或运用的管理理论还停留在工业时代，更糟糕的组织模式甚至还停留在农业时代——老板作为部落酋长唯我独尊。"事实上，现代管理中的大部分工具与方法都是由19世纪出生的人发明的，那时美国内战刚结束。""如同内燃机一样，源自工业时代的管理模式已经到了S曲线的尾端，已经没有发展的余

---

① 陈春花：《管理的常识》，机械工业出版社2018年版。
② 加里·哈默、比尔·布林著，陈劲译：《管理的未来》，中信出版社2012年版。

地了。"①

今天的组织模式和管理思想，大部分仍在沿用100年前泰勒的科学管理和社会学家马克斯·韦伯的官僚体制，或者说结合他们两人的管理模式而形成的科层制管理模式。即使是创新的一些管理应用，也是20世纪中期的管理实践和管理理论。"我们仍然运用着泰勒的原理，继续生活在韦伯的科层体制中。制约我们前进步伐的，是我们头脑里固有的'以效率为中心、以科层为导向'的管理范式。"②

如今我们的客户群体与员工队伍，互联网原住民成为主力，而我们的管理思想和模式还停留在工业时代，管理队伍却不断老化，一些企业的管理队伍基本以70后为主。如果说90后是互联网原住民，他们从小就成长于网络时代；那么90前是互联网移民，他们得从工业时代过渡迁移到互联网时代；还有一批90前则成为互联网"难民"，他们排斥互联网，谁要提互联网思维，他们就不理解。

如果我们都无法理解年轻人，你又怎么去理解你的客户与员工呢？如果你的企业只做老年人的生意也罢，但大多数企业的客户是不断在更迭的，就是一代代年轻人会成为你的主流客户。即使你做老年人生意，你的团队也无法用老年人吧！总之，如果你不能了解年轻人和启用年轻人，你的企业必然被时代所淘汰。

只有不断启用年轻人，组织才有未来。汤姆·彼得斯（Tom Peters）说："顾客是重要的创新来源。有创意的企业不仅特别擅长制造可批量生产或提供的新产品或者服务，还能更加灵敏地持续应对任何环境变化。"围绕客户，进行创新，以持续应对变化。这说起来很轻松，可是别忘了

---

① 加里·哈默、比尔·布林著，陈劲译：《管理的未来》，中信出版社2012年版。
② 同上。

我们都会变老。思想与时代脱节是必然的趋势。始终保持与时代同频，谁也做不到。而如果企业不能创新，无法应对时代环境的变化，那必然会被时代所淘汰。企业持续适应时代变化，最好也是唯一的办法就是启用年轻人。

盘点一下企业的人才，从初级管理者到高层，如果大多是70后、80后，企业就很危险！如果基本都是70后，那离死就不远了。不要觉得我在危言耸听，随着年龄变大，很多人思维固化、学习力变差、傲慢丛生、倚老卖老成为常态，体力下滑，这都会阻碍管理工作的开展。

我们的客户群和员工群体在年轻化，90后逐渐成为主力，但我们的管理模式依然是工业时代的，"过去的时代，人们是工业化社会的囚徒，他们的能量、创造力和个人潜能远远没有充分发挥"[1]。这就必然导致你的组织能力失效，管理落后于商业发展，成为企业发展的最大难题。这也是员工敬业度不高、组织效率低下的关键所在。

管理学发展100多年来，进化太慢了，如今我们很多组织仍然在坚守和信奉一些过时的信念和模式，它桎梏了管理效力的发挥，而且传统的管理模式还会导致4个常见的典型问题。

二、传统管理的4个典型问题

"制约组织实现优良业绩的不是其营运模式，也非其商业模式，而是该组织的管理模式。"[2]传统的管理模式存在4个典型的问题，制约了组织发展。

---

① 理查德·佛罗里达著，司徒爱勤译：《创意阶层的崛起》，中信出版社2010年版。
② 加里·哈默、比尔·布林著，陈劲译：《管理的未来》，中信出版社2012年版。

（一）管控下的枯燥

工业时代，管理层会这样认为："我雇用了他们的双手，谁知他们还带着脑袋来。"可悲的是，我们今天的管理者还这么认为："我雇了你的双手，你怎么还带来了脑袋？"他们把服从、命令、控制、权威当成主流的管理，认为自己才是最牛的、最智慧的、最聪明的，员工什么也不懂——没经验、年纪轻、能力差、认知差等，因此他们就要用一套极其严苛的手段来控制员工，以确保他们能好好工作、不跑偏。这是工业时代整个管理的主流思想，如今依然有很多企业用这种管控思想控制自己的团队。结果就是敬业度极低，员工的积极性被极大地挫伤，组织能力迟迟提高不起来。

一个连锁企业，企业制度或相关资料全部受控，连开会的会议记录本都受控，不允许带出企业，离职的人要把所有跟企业相关的资料及笔记本全部上交，而且安排保安对离职人员进行开箱检查，像防贼一样监控大家，防止企业的资料泄漏出去。其实，这些资料不是啥企业机密，又不是军工企业。管控到如此程度，企业与员工之间进行着信任的博弈，最终只能是彼此的不信任与叛离。而另一个生产型企业，要求高管必须时时发布自己的定位，以告知公司他们在哪里，我想很多销售公司也这么玩过，要求营销人员去现场巡检且要发布定位。

这种典型的控制无处不在。企业认为他们这样很聪明地控制了员工，以防他们偷懒、懈怠，不敬业，工作时间干私活等，但实际并没有控制住，只是看上去控制住了。用愚蠢的流程制度来抹杀员工的积极性，几乎在所有企业都出现过这样的问题，只是问题多少不同而已。拿一套看似合理但愚蠢的流程制度来控制员工的产出行为，实际上却抹杀了员工的积极性。

像防贼一样防着员工、像机器一样控制员工，只会加深劳资矛盾，让工作变得枯燥、乏味、无聊、无趣，这样状态下的员工怎么可能有主观能动性，发挥主人翁精神？因为谁都不希望被控制，谁也不可能在不被信任的情况下发挥主人翁精神——都不被当作主人，哪来的主人翁精神呢？

"如果人是机器的话，对人进行控制就是很有意义的，但我们都是有血有肉、有思想的精灵，试图通过刚性结构进行控制就无异于自杀。如果我们认为：人类的活动无法存在秩序，除非有领导者；无法进行自我调整，除非通过政策来规定；负责的领导者必须事事亲为……那么，我们就不要指望有更多收获了，除了我们现有的——摧毁个人和集体生命活力的枯燥工作。"[①]

很不幸，现实就是这样，大多数组织的管理都在摧毁个人和集体的生命活力，而管理者认为他们是在建立秩序和提高效率，相信控制是组织的要领。然而控制只会让工作变得枯燥、乏味、无聊！大家都知道，控制是传统管理的核心诉求，管理学里对管理职能的主流描述就是：计划、组织、领导、控制。"所有的管理者都需要控制，即便他们所在部门的表现完全符合计划。"[②]

在这里要强调的是，我批评传统管理控制存在的问题，并不是说组织不需要控制。在任何时候，或任何时代，组织依然需要风险控制和质量控制，这是永恒不变的真理。如何改变传统的这种控制人的控制模式，或者说如何实现基于信任的自主管理下的控制，这是新时代组织需要思考的。

---

① 玛格丽特·惠特利著，简学译：《领导力与新科学》，浙江人民出版社2016年版。
② 斯蒂芬·罗宾斯、玛丽·库尔特著，刘刚等译：《管理学》，中国人民大学出版社2017年版。

（二）封闭下的迂腐

传统管理的科层体制，导致层级之沟通不畅，信息难以流通，而资源也被远离一线的高层掌控，进而形成层级之间的堡垒。对于不同层级职位的管理者来说，拥有了信息和资源，就等于拥有了权力。他们往往不能使信息进行有效流通，也不能把资源给予真正需要的人，他们觉得资源下放和信息畅通就会使自己的权力被消解，这就出现了真正深入战场的人却没有武器弹药。华为创始人任正非提出让听见炮声的人作决策，就是很好地进行资源分配。"管理就是让一线员工得到并可以使用资源。"[①]

如果说控制管理就够糟糕了，那么更糟糕的是传统的官僚体制，以及为了提升效率的专业化分工的思想，把组织切分成一个个不同的、独立的部门，本质是为了解决效率问题，但最后往往形成部门的"深井效应"——每个人的视角仅仅局限在自己的部门而不顾他人。这种"深井效应"会带来各种问题，部门各自为政，各扫门前雪，各自为了自己的KPI而抢占资源或者互相掣肘，最终伤害组织整体的运营效率，使山头主义和本位主义像瘟疫一样在组织中蔓延。

这几乎是每个组织在发展过程中都会遇到的问题，专业分工后却无法有效协同，使得组织效率越来越低，团队作战能力越来越弱，甚至一盘散沙。分工后组织不起来，组织发展得越大危险越大，如果再跑快一点，基本上就会散架。我们奇怪，一些很好的企业为啥走着走着就没了，其中很重要的原因就是他们没有组织起来，也就是组织能力不具备。

好的组织，尽管有分工，但大家会互相协作。一个很重要的检验标志

---

① 陈春花：《管理的常识》，机械工业出版社2018年版。

就是，你看看这个团队的人会不会在非本职工作上用心去帮助客户解决问题。在这块做得相当优秀的企业，不但有细致的分工，有完善的岗位分化标准，但最牛的是协作得非常好，只要客户有需求，任何岗位的人都会去帮助客户解决，比如：客户想找财务解决问题，结果找到人力部门，其并没有推卸责任，而是积极帮助客户解决或者协调资源解决。而一个差的组织，就是你找到本职部门，他们依然推卸拖沓，根本不在乎客户的感受。

传统的管理分工越来越细却没有很好的协作，控制得越细，协作却越差，就会使得组织内部部门之间变得封闭，组织层级之间变得封闭，组织与外界之间也变得封闭。这就使得整个组织，变得拘泥于规则和界线，在一套固定的模式下变得守旧和失去激情，无法更好地感受客户的需求，无法更好地感知一线员工的声音，进而使整个组织沉浸于陈旧的规则中迂腐不堪而不能顺应时代变化。

（三）金字塔下的压抑

文化决定战略，战略决定组织结构，组织结构决定人才。

企业要通过组织架构来实现专业分工，以实现公司战略目标。组织架构有矩阵式、职能型、事业部制等，这些架构的思想大多源自科学管理之父泰勒的精细化分工以及马克斯·韦伯提出的官僚体制。这种架构模式，都是金字塔结构，从总裁、副总裁、总监、经理、主管到员工，层级非常明确。尽管有些企业提出倒金字塔结构，就是把员工放在上面，把总裁放在下面，但换汤不换药，传统的金字塔模式并没有发生本质的变化。

由金字塔结构引发出的一个著名的管理命题，就是管理幅度，其是指一个管理者，到底该管理多少人才是最有效的，如果超过这个幅度，就增设管理者或者层级，以确保管理的效率。这是工业时代专业化分工非常重视的管理思想与管理模式，至今大多数企业仍在沿用这样的模式。

但无论你怎么变，金字塔结构都会出现层级，传统的企业层级多达十几个。层层的审批，层层的干扰干预，还哪来的组织活力？身边很多朋友的企业，副总裁一堆，总监一堆，都高高在上，对下面的人发号施令或进行监控，有时团队会被多人领导，甚至都不知道该听谁的，每个人的说法还不一致，使得管理变得极其混乱。

增设管理者，本来是为了分工提升效率，提升管理成果的输出，最后发现每增设一个领导者，就等于为组织增设了一个效率制约点，使得企业完全无法高效运转。因为他们无法进行良好的协作，都是领导，都牛哄哄，甚至各自为政，形成派系，彼此钩心斗角，这必然会蚕食组织的活力与激情。

如果说这种状况已经很要命了，那更要命的是这些金字塔下的管理者，层级之间不断指挥、命令、控制部下，职位越高的管理者越自以为是，越听不进意见，往往把自己的想法当真理，把自己当权威，甚至用职位和权力压制部下。这就使得组织变得压抑，工作很不爽，得看领导眼色，得拍领导马屁。

传统管理的领导者，除了装就是装，导致3个常见现象：

- 老虎的屁股摸不得——那些领导者尤其是高层领导者，没人敢说他们；
- 大象的屁股推不动——职位越高的领导者越容易陷入懈怠，成为变革的阻力；
- 猴子的屁股动不着——领导者懈怠渎职，不能很好地履行自己的职责。

大家最终除了捍卫权利就是捍卫权利，使得组织之间形成3个沟通问题：

- 向上沟通没胆——大家有问题不敢跟领导沟通，你提的意见和想法要么不被重视，要么就会被打击或辱骂；
- 向下沟通没心——领导者认为跟部下沟通就是浪费时间，命令和控制就好；
- 水平沟通没肺——都是领导，谁也不服谁，彼此都有自己的盘算和面子。

最终，不是彼此协作实现组织目标，而是为了自己的目标或KPI而各自为政、互相掣肘。

金字塔模式使得组织变得极其压抑，使得组织协作不畅——协作的流畅度是检验好组织与烂组织的关键指标。很多组织人数越多，协作越不流畅，最后变得越来越低效，直到把组织拖垮。更糟糕的是，组织充满了命令和控制，而缺乏倾听与沟通，使得组织干瘪而无激情和活力。

（四）信息不对称下的低效

组织结构的金字塔模式，除了让人感到压抑外，更要命的就是导致信息流通不畅。组织高层的信息如何有效传达到基层，基层一线的信息如何有效反馈到高层，是一个企业文化落地和运营效率的关键。但传统的组织模式，在这一点上存在很大困难。

　　有研究显示，信息从高层往下传达时会层层递减，在董事长那儿是100%，到总经理那儿就变成了80%，到总监那儿又变成了60%，到经理那儿又减少到40%，到主管那儿锐减到20%，到基层就完全变样了。而沟通本来也会随着人员增加出现递减，致使沟通漏斗现象在团队中大量存在，你心里想的是100%，说出来成了80%，别人听到的成了60%，别人理解成了40%，最终行动成了20%，甚至更低，结果可想而知。

　　上层信息往下传达随着层级递减，这就会使得组织文化制度、战略目标在落地过程中变形，这也是很多管理者感觉到沟通费劲的原因，使得组织规化在执行中往往会出现很大的偏差，非常不利于组织发展。这也使得很多企业走着走着就变形了，高层发现想得很好的事情在执行落地后完全不是自己想要的。

　　而更恐惧的是，一线市场信息和基层声音无法上达。因为管理者为了维护自己的面子、尊严以及完成自己的考核指标，他们往往报喜不报忧，市场到底怎么样、客户是否满意、员工是否满意，这种真实的状况，一般很难反馈到上层。组织越大，信息越难往上反馈，到达高层的信息都是经过过滤加工、扭曲变形的，而高层又掌握着企业的决策权，真正了解市场以及一线员工的基层管理者往往没有决策权，这就会使组织的决策偏离市场和一线，这绝对会引起灾难性的后果。

　　一个不是基于一线和市场真实情况而作出的决策，往往是错误的决策。

　　下传下不去，上达上不去，上层决策无法有效执行，下层信息无法有效传递到高层，这种由层级造成的信息不对称，使得整个组织变得非常低效，极大地增加了沟通成本和执行难度。如果再加上一个喜欢让你去"悟"的领导，那么组织就变得混乱不堪。

　　朋友的公司请咨询公司进企业诊断，老师问一个管理者什么是管理，他回答："管理靠悟。"后来，公司都知道了这件事情，并拿这件事笑话这名管理者。然而这名管理者道出了大多数管理者的真实管理意图，他们往往希望部下自己去悟，而不把事情讲清楚或者把标准梳理明白，还给别人定性"你悟性太差"。日本很多企业在布置工作时说5遍就是为了克服这个问题：第一遍，麻烦你做件什么事。第二遍，麻烦你重复一下我让你做什么事。第三遍，你知道我让你做这个事的目的是什么吗？第四遍，这个事会不会出现什么意外？你怎么应对？第五遍，你自己做这件事，有什么想法和建议？

　　看到此处，读者朋友们恐怕会产生两种截然不同的反应：一种是（员工）拍手叫好，说得太对了，军哥你是不是认识我们领导啊？另外一种是（领导）背脊慢慢滴下冷汗，原来我的管理有这么多问题。先别忙着滴冷汗，因为问题还没有说完。接下来，我还会跟大家一起探讨制约组织发展的三大毒瘤，接着往下看吧。

▶ 小结问题

1. 你的管理是否跟商业模式匹配？

2. 这四个常见的管理问题，你的企业是否存在？

3. 你有没有更好的方法来解决这四个问题？

第三章　制约组织发展的三大毒瘤

　　一个原本优秀的人，慢慢开始沦落，直到一无所成。或者说，同时起步的人，有些人越来越优秀，有的人却稍有成就后就像流星一样陨落。这些现象，在我们身边大量发生。企业也如此，那些原本很有潜力的企业最后却没落了，而很多知名品牌悄然从市场退出，有些很优秀的企业在规模扩张的同时就变得越来越差。真是三十年河东三十年河西，潮起潮落，风云变幻。

　　这是为什么？为什么在我们做了大量的管理活动，又增设了那么多管理层后，不但没有取得理想的效果，反而越管理越糟糕，致使组织没能突破瓶颈而陷入死亡的泥淖？

　　有时不得不痛声疾呼，大为叹息。传统的管理机制和管理模式，除了造成前文所提到的四大典型问题外，还必然导致"三大毒瘤"的出现，这几乎是任何组织都逃不脱的悲剧。这三大毒瘤也必然制约组织成长，为组织的失败埋下深深的隐患，且是致命的。如果说上面讲的四大典型问题是疾病在酝酿，那么三大毒瘤就是企业的癌症，它会蚕食组织的动力系统，消解组织的生命力，让组织活力消失殆尽，直到把组织拖向死亡。

一、第一大毒瘤：地位性懈怠

> 对地位和特权的喜爱陪伴我们走完人生之路，从摇篮到坟墓。
>
> ——堂恩

　　对地位和特权的热爱，可以说是多数人的普遍特性。他们爱面子，崇尚金钱与地位，以此获得存在感和价值感。

在组织中，管理者通过努力或机遇，不断获得职位的晋升，赢得一定的地位后，很多人开始不再努力进取，该自己干的事情也不干了，开始做甩手掌柜，官僚作风盛行。他们还会动不动挑剔别人、看不惯别人，以自己的价值取向来衡量他人，把批评、否定、斥责当成家常便饭，以获得权威和存在感。喜欢听好听的话，无法接受负面信息和质疑，也成为常态。他们沉浸在自己的舒适区，甚至吃喝玩乐、享受地位带来的便利。滔滔不绝地表达自己的观点，成为一堆人中的主角，也是他们所热爱的活动，他们认为自己都是对的。

唯我独尊的感觉实在太爽了，以至于他们把地位当本领，把地位当资本。

在组织里，有的管理者一旦晋升到高层，获得一定地位后，他们就不动了，就会失去奋斗精神。他们就开始享受地位带来的福利和便利，不再努力进取，不再深入一线和市场，不再拥有他们当年晋升前的品质。因地位而忽视别人，以自我为中心，自以为是，错把地位当本事，活在自己的世界中，这就是地位性懈怠。

这也是华为为什么提倡奋斗文化的关键，他们的核心价值观就是"以奋斗者为本"。基于这种局面，我们企业在管理理念里重点提出了4个关键，即深度思考、把事做透、提升格局、持续奋斗，做不到这几点或者说不能拿这几点来约束自己的管理者，很容易陷入地位性懈怠的局面而不自知。

一个占着位置而懈怠的管理者，不但无法为客户提供好的产品和服务，他们本身就会成为组织成长进步的障碍，也会成为限制部下成长的障碍点。员工是组织的财富，管理者是团队的天花板，当管理者懈怠时，他们也在扼杀组织未来的新鲜血液，当下也许看不出太大的问题，但他们会让组织失去未来。

最好的战略，就是能在当下建立起拥有未来的人才梯队。而懈怠的领导者，很明显是无法做到的，他们只有眼前和过去，他们的存在会让组织战略成为空谈。

地位性懈怠，是人性深处的恶。组织必须洞察到这种恶的危害，并通过合理的机制，打破官僚体制形成的地位性懈怠，破除这种人性的恶，让"能者上、平者让、庸者下"的管理机制在组织形成，否则组织就难以为继。

二、第二大毒瘤：成就性傲慢

闪光的东西，并不都是金子；动听的语言，并不都是好话。

——莎士比亚

人都有物质、精神需求，都会追求成就感，当取得成就后渴望被表扬和肯定，这是人之常情。当你沉浸在动听的赞美声中时，往往会伴随傲慢的出现，甚至不再努力。更可怕的是，因自己过往的成就，不再听取别人的意见和建议，不但不再倾听，还会否定别人、批判别人，逐步陷入成就性的傲慢陷阱。

这种状态，几乎是所有企业管理者都会面临的陷阱，过去的成就带来的光环会让我们缺乏进步的动力，让我们因成就而傲慢，除非具备极强的自我管控能力以及拥有极强的目标性的人才能避免。

躺在过去的功劳簿上睡觉，这是企业功臣和老臣常见的状态，这就是典型的成就性傲慢。他们不但不再进取，还会成为企业变革的阻力。

每个人都会取得成绩，自己跟自己比，总会有牛的时段，可那都是过去。我们带着过往的成就，戴上昨天的光环，来掩盖今天的乏力和不足。我们还会拿以往的成就说事，来抵御今天的错误，把问题掩盖，像鸵鸟一样把头埋在沙土下躲避灾难，也像一个掩耳盗铃者。

我们每个稍微努力的人，过往都会取得点成绩，都会拥有自己的光环。如何去掉光环，让自己以空杯心态面对未来，对于成长来说非常重要。而陷入过往的成绩中，很容易让人变得傲慢，失去进取心。

最容易出现成就性傲慢的人，就在组织的高层，他们成为整个组织的天花板，成就性傲慢一旦在组织中蔓延，组织就会面临瘫痪和失控。

三、第三大毒瘤：权力性放纵

> 无限的权力会毁掉它的占有者。
>
> ——威·皮特

事实是，很多企业的管理者一旦身居要位，就开始官僚、腐败、不思进取、行动迟缓、牛哄哄……这样只会让一个团队低效、掣肘、涣散。19世纪历史学家和政治家阿克顿勋爵（Lord Acton）说："权力的确会腐蚀人。"这就是"权力悖论"。当初为了获得权力，具备良好品质和行为，如进取、感恩、谦虚、同理心、开放等；然而当你拥有权力后，开始变得怠惰、自以为是、傲慢、自我、封闭，最终你变成一个听不进意见且牛哄哄的人，不但自己不作为，还想让别人侍奉自己。

达契尔·克特纳（Dacher Keltner）在《即便拥有了权力，你也该活得高贵些》中讲道："研究显示，身居公司要职的人，打断同事说话、开会时三心二意、提高声音说话、在办公室言语粗俗的概率，是普通员工的

3倍。"

在团队中，你会发现那些权力越高的人，做起事情来越差点"意思"，不认真、不务实、不自律、随意成为他们身上的代名词，这就是权力性的放纵。他们失去了应该有的自我要求和自律，开始挥霍和滥用自己的权力，直到被权力摧毁。

为什么？因为权力可以给他们带来放纵的便利性。权力在带来便利的同时，也顺便带来了放纵，让你失去敬畏心、进取心、自律心。克制权力性放纵带来的灾难，是每一个管理者必须克服的难题。

中国著名的木制别墅建造商德胜洋楼，是非常有意思的一家企业，创始人聂圣哲明确提出反对官僚主义，其中一个重点就是反对管理贵族。一是新员工入职，无论是管理者还是员工，都要在物业中心接受三个月培训，培训内容都是一些清洁、园林护理之类的基础工作，还要洗马桶——标准是洗完的马桶水能再利用。二是管理者工牌上有一句话，即"我首先是一名出色的员工"，提醒管理者不要高高在上。三是"代岗制"，公司的管理层每月必须抽出至少一天时间参加一线劳动。四是对管理者的要求比员工严。五是设立督察部，起到对管理层进行监督的作用，使权力受到制约。[①]

德胜的这些做法，是很好的制约权力性放纵的良药，值得每个组织学习。只有把权力关进笼子里，才不会伤害组织，或破坏组织的公平性。

管理者成长有三个阶段：关注自我、关注他人、完全自我管理。刚开始，都是考虑自己的感受、收获、薪酬待遇、成长等。随着成长，自己

---

① 周志友：《德胜员工守则》，机械工业出版社2014年版。这本书原来是一本内部员工手册，公开发行后，至2014年再版已重印28次，畅销50万册，今天应该远远不只这个数。这本书是值得每一个做管理的人去阅读的书籍，非常务实、非常接地气。

心里能装下更多人——也就是常说的心里能容多少人就能领导多少人，这时开始就慢慢地由关注自我转向关注他人——成就他人之心升起。人因此自私减弱，无私增持，领导力也就越来越强（这里特别说明：一个极度自私的人永远不可能成为优秀的领导者）。当你的领导力越来越强时，相应地听到的负面话语就越来越少，你能解决的难题就越来越多。这时步入一个危险境地，就是你会步入成功的路径依赖，思维和工作方式变得越来越固化，最关键的是没有人再像以前那样督促你，你就容易陷入自我、自尊、自负的局面。其实，表面看你这时很强，但你不是变强而是变得更脆弱了——很容易出现问题。再加上步入更高领导职位，很多工作通过部下完成，你的业务技能会下降，这时更容易成为空谈道理和概念的"大师"——俗话说的"不接地气"。因此，这就需要自我管控，不断地进行自我否定、自我调适、认知升级、思维迭代、工作方式变革等。这样，你才能上到一个更高的台阶，否则很容易又回到成长初期的自我关注的局面。

前两个阶段问题不大，在进入第三个阶段时，一般很难突破，这时最容易出现地位性懈怠、成就性傲慢、权力性放纵，会让我们失去谦卑、自律、斗志、进取和务实，想要未来取得更好的突破和成长，个人必须加强自我管理以避免这三大毒瘤在自身浮现，让自己时刻精进而不懈怠。

▶ 小结问题

1. 在管理时，你是基于经验还是人性？

2. 你的企业是否存在这三大毒瘤？

3. 你是如何杜绝这三大毒瘤在组织蔓延的？

第四章 烂企业与好企业

糟糕的管理必然会导致烂企业频频出现，烂企业必然无法真正成就员工和为客户创造价值。组织能力靠管理建立，当管理出问题时，组织必然出问题。很多时候，一些企业之所以烂，并不是他们员工不努力，只是他们的管理建立在错误的假设上，以及错误的管理模式上。

一个大型连锁企业，曾经是业内标杆，它的管理有两个特点：一是控制，员工上岗前需要经过一个多月的培训，先是为期一周的军事化训练，请部队的官兵按部队的标准训练员工，要求大家遵守标准、服从，接下来就是培训各项标准；二是企业不允许大家发牢骚，甚至公开打出"炮轰牢骚语言"的大横幅。领导认为发牢骚是不忠于企业，认为你的一切都是企业给的，你必须忠于企业。而老板每年都要干一件重要的事情，就是挨个门店去给员工讲课，主题都是如何做人、如何感恩、如何忠诚等。

有一家培训机构提出企业就是"三个像"：像军队，像学校，像家庭。这是非常扯的事情，企业就是企业，它必须符合企业这种组织的特性，绝对不能把其他类型的组织形式移植到企业来。今天，还有谁喜欢用军队这么强的控制手段来管理企业？这就是代际差异，很多企业的老板是50后、60后，他们自然爱强调服从、忠诚、感恩，这是他们那个时代的常用语，他们的成长背景决定他们的管理理念。"以50后、60后为主的这些传统企业家，因为他们成长的背景，管理效法最多的对象很自然地是军队，强调权力、权威甚至权术……更新锐的年轻人，进一步要求的是自主、掌控和意义，更是视权力、权威、权术如敝屣。"①

很多企业像上述这家企业一样，经常会谈感恩、谈忠诚、谈人品。他们以此来掩盖管理中的问题，或者用这种方式来给员工洗脑，麻痹员工，让员工忠于组织，便于管理者掌控。当组织能力不行或者控制不住员工时，谈感恩、谈忠诚、谈人品成为管理者的常用"工具"。其实这是一种比直接控制员工更糟糕的控制方式，用道德绑架员工，用洗脑来破除员工的独立思考，然后企业就可以任意制约和剥削员工。假以道德的名义，基于伪善下的控制，是极其有害的。

一、关于感恩

很多企业，都认为员工应该感恩老板和企业，觉得是他们给了员工饭碗。一些企业，当发现自己培养的员工离职时，往往暴跳如雷，心想我这么用心栽培你，你为啥不知道感恩呢？你的忠诚哪里去了？你的人品怎么会如此之差！他们会跟离职的员工反目成仇，甚至在行业内封杀离职的员工。

你站在老板的立场这么想，似乎没问题，不过员工如果站在自己的立场，就会觉得老板是不是应该感恩员工呢？因为员工付出劳动、知识、智慧，企业才得到不断发展，老板才可以过上富足的生活。企业谈感恩，就是在用道德绑架员工，无非是为了更好地控制员工，甚至压榨员工。

通过一些培训手段，一些企业邀请"导师"给员工讲"感恩"——这其实是很滑稽的事情，一度夸张到一些培训导师让员工给老板洗脚、下跪。我就遇到一家国内做得比较大的培训机构，他们的一个核心导师有一

---

① 肖知兴：《以热爱战胜恐惧：中国式领导力发展大纲》，东方出版社2018年版。

次跟我同台讲课，他上来就把话题一转开始讲感恩，致使员工哭得稀里哗啦，然后安排老板坐在台上，接着通过语言诱导员工上台给老板洗脚。我听他一通激情澎湃、唾沫星子满天飞、用毫无逻辑的语言蛊惑员工，我就满身鸡皮疙瘩。我发誓如果再遇到这样的"导师"，绝对拒绝同台。

更恶劣的是一些所谓国学大师，用所谓《易经》的智慧来讲管理，比如：老板是阳，员工是阴，所以员工要服从老板。有个"大师"，这样讲"团队"：团队就是一个口才好的人对一群人说话，其他人照着执行。这是多么荒谬绝伦的事情，但很多老板爱听，为什么呢？这背后无非是借用伪国学来给员工洗脑，以达到控制员工的目的罢了。

让员工给老板洗脚、下跪等是极其无聊的行为。员工不是奴隶，老板也不是奴隶主。今天不是农业时代，已经进入互联网时代，用这种方式来控制员工的认知已经过时了。当今时代，企业与员工之间强调平等，员工付出劳动，获得他应得的回报，企业没有理由也没有资格要求员工做进一步的感恩。

二、关于忠诚

企业与员工之间是雇用与被雇用的关系，员工能创造价值，企业就重用并给予员工合理的报酬，员工付出劳动、时间、智慧得到他该得到的，企业付出成本得到企业该得到的，谁也不欠谁。如果员工觉得企业不好，完全有理由也有权利去作出自己的选择——离职；企业觉得员工不好，也完全有理由也有权利去解雇员工。

组织与员工之间是平等的劳资关系，夫妻不和都可以离婚。大家合得来一起干，合不来就散。企业对员工有选择权，员工对企业也有选择权。企业凭什么让员工绝对忠于自己？这是多么可笑的思想。

再说，让员工忠诚于企业，企业是不是也应该忠诚于员工呢？如果说企业要员工忠诚，那么当一个员工不能创造价值时，企业是让他走呢还是养着他？如果企业天天口头谈忠诚——只是让员工忠于企业，而不考虑企业是不是要忠于员工，那简直就是耍无赖。

德胜洋楼在《员工休假选择方法》里有一条"长假规定"："任何一位员工，如果觉得公司的工作环境和要求不适合自己，可以请1—3年的长假出去闯荡，公司可以为其保留公职及工龄。"[1]我想，这才是真正的管理，真正对员工负责任，员工可以选择自己的生活和职业，企业给员工留足空间，而不是一味用忠诚这种道德绑架的方式把员工绑在自己的企业内。

三、关于人品

领导者动不动说员工"人品不行"。那到底什么是人品？当员工提建议时，质疑领导者时，或者不服从领导者的安排时，领导者找不出合理的制度或标准来处罚员工，用"人品不行"最省事，可以完全把员工否定掉，为他们清理员工找到充足的理由。拿人品说事，在国内企业很流行，一些领导者动不动就会拿出这个杀手锏，来解决一切管理问题。

朋友的企业里，一个跟了企业近20年的员工，被老板提拔到管理层，这人平时见所有人都客客气气，为人也很老实，所有人都会犯错但你绝对想不到他会犯错，然而事实却是他虚报假账、跟员工发生不正当关系、私拿企业财物等，该犯的严重错误他都犯了。因为企业的制度不完善，管理出现漏洞，就会导致老实人犯错。拿人品说事，就是在为自己的管理不善找借口。

---

[1]　周志友：《德胜员工守则》，机械工业出版社2014年版。

天下没有绝对的好人品与坏人品，人都是制度和环境的产物，对于企业来说谈人品就是在谈人治。人都是逐利的，很多人没犯错误只是因为诱惑不够大，很多人犯错误是因为企业漏洞太多。

企业必须靠建立完善而有效的机制，并形成良性的组织氛围，才能不断使"好人"涌现，同时淘汰掉不符合企业要求的人。在这点上，对于很多企业来说都是挑战。很多企业的管理处于"自动完成"状态，就是指望大家自发地把工作干好，寄希望于大家都是优秀者、都是好人，但当这样的目标无法实现时，往往就会找一些培训老师来讲感恩、讲忠诚、讲人品。

可是，良性的制度不会凭空而出，它需要充分的实践与理论基础，并结合企业实际量身定做。管理是要看情境的，没有任何一个理论和方法能放之四海皆准。因此，要看企业的具体情境，不断深度思考，有针对性地制定出合理的制度来。

好企业不谈感恩，也不谈忠诚，更不谈人品。那好的企业应该谈什么？

四、从组织能力建设方面来看，好企业谈什么

从组织能力建设方面来看，好企业应该谈文化、谈制度、谈价值、谈效率。

（一）谈文化

正确的价值观和理念，且能落地，企业才能行稳致远。并且，企业文化要不断进化，结合具体的市场和时代情境进行优化和升级。文化即团队的方向和蓝图，是企业判断对错、是非曲直的核心价值观，但当它无法进化就会成为团队的桎梏，阻碍组织变革。

文化看似很虚，却是最大的实。文化会形成组织思维，组织思维影响组织行为，组织行为影响输出的成果。文化是企业发展之根，是企业发展之魂。

谈文化才是正道。怎么看待顾客？怎么看待员工？怎么看待合作伙伴？怎么看待企业发展？怎么看待企业现状？能否正确清楚地回答这些问题，就能判断老板及其组织的所作所为是否与其潜藏的假设一致。如果一致，还要看这些答案是否能更好地激发组织活力，是否能激发为客户创造价值的动力。

企业文化理论之父埃德加·沙因（Edgar H. Schein）说："企业文化和领导力就像一枚硬币的两面，我们不可能抛开其中的一面单独去理解另一面……企业是由一系列的文化单元组成的。"[①]由此可见文化的重要性，它是领导力的另一面，企业也是由一系列文化组成的，如果组织避开文化不谈，那不是舍本逐末吗？

文化进化，是组织进化的根，是变革的基础。这在本书第十一章将详细讲述。

（二）谈制度

制度是文化落地的工具，也是组织能力的根。没有制度的企业，只能停留在人治上，就会去谈人品、谈感恩、谈忠诚。企业要不断优化完善制度建设，由人治变为法治，消除人为因素，才能确保企业运营的有效性。

制度只有在执行好时才能真正地发挥作用，只有团队从上至下敬畏规则，企业才能走得更长远。很多企业，它也有制度，甚至很完善，却没有

---

① 埃德加·沙因著，马红宇等译：《企业文化生存与变革指南》，浙江人民出版社2017年版。

执行，形同虚设。

制度也不能跟文化分离，它必须由文化往下延伸，它自己也是文化的一部分。拿一个人来比喻的话，文化是人的精神，而制度是企业的骨架。骨架不强，人就容易散架，而制度不强，企业就会散架。

（三）谈价值

衡量团队唯一的指标就是能否创造价值。企业不是福利院，一定要清除不创造价值的食利者。怎么创造价值？就是管理者要不断领导团队拿成果，不断提升团队的效率。简言之，就是高效地创造价值。怎么高效地创造价值？一是提升团队的执行力；二是提升领导者发现问题和解决问题的能力。

个人不能创造价值，就无法生存；企业不能创造价值，就无法发展。以客户为中心不断创造价值，这是团队要重点考量的，同时企业应有合理的机制去评估价值和分配价值。

（四）谈效率

效率是企业发展过程中必须关注的话题，要识别并解决磨洋工等低效现象。

组织在规模比较小的时候，往往很有效，无论是对顾客需求还是员工需求都能快速响应，因为这个时候组织活力很强，组织的敏捷性也比较强。随着组织规模越来越大，分工会越来越细，部门和岗位设置会越来越多，效率会越来越低。

本以为分工越细效率越高，但实际情况是，很多企业随着规模发展变得越来越低效。

为什么会这样？

当一味地分工而无法协作时，组织只会随着分工变得越来越低效，组织协作的流畅度会大大减弱。最终内耗、扯皮和掣肘代替协作，为组织发展埋下隐患。

但企业也不能一味地追求效率。当一味追求效率时，企业就会陷入效率陷阱——因追求效率而忽略了那些眼前看似低效但未来能创造价值的投入。面对效率，企业必须辩证地来看，在追求企业效率的同时，也要容忍某些"低效时光"的存在，比如那些啥都不干的时光、喝咖啡吹牛的时光、让管理者去体验多元生活方式的时光。

很多去过欧洲发达国家的人，会发现那里的很多商场周末不营业，大家拿一杯咖啡或一瓶酒能喝半天、聊半天。很多中国人看了就会非常不理解，觉得他们低效和懒惰。我们大多数人会把目前这种高速运转认为是高效，认为他们无所事事、吃喝聊天的状况是低效。然而看看人家的艺术和精细的工业，你就知道这种我们看似低效的行为，恰恰暗含促进高效的道理。

我们不能一味地追求眼前的高效，而扼杀未来能创造价值但当下看来是低效甚至是无效的行为。组织不思考高效，就没办法快速准确地满足顾客的需求，最终会把企业拖垮；而如果企业只是一味地追求效率，就容易被眼前的短视行为所困住，无法思考对企业未来来说很重要的人或资源的投入。

文化、制度、价值、效率这些关键点对企业发展才是最重要的，围绕这几个点，才有利于我们思考组织是否在正道上。而一个组织大谈感恩、忠诚、人品，不但不利于组织发展，还会把我们带入似乎掌控了组织的幻想中。当一个组织谈感恩、忠诚、人品时，员工就不得不跟着你演，表面上感恩你，背地里骂你；表面上忠诚于你，只要利益诱惑足够大，该背叛你时一样背叛你；表面上看人品很好，只要利益诱惑足够大，他一样会为利益而战。

一个好的组织是由好的文化、好的制度、好的价值创造能力、正确的效率追求创造出来的，而不是其他。

五、从员工能力建设方面来看，好企业谈什么

从员工能力建设方面来看，好企业应该谈发展、谈薪酬、谈绩效、谈激励、谈赋能、谈敬业。

（一）谈发展

员工发展了，企业才能发展；员工发展是组织发展的前提，员工的目标是可以与企业目标统一的。很多企业把组织的目标与员工的目标对立起来，为了实现组织的目标而拼命地压榨员工的利益，导致劳资矛盾尖锐。

只关注企业的发展，而忽视员工发展的组织是没有未来的。一些企业拼命地挖别的企业的人，而不去培养自己的员工，不建设自己的人才梯队，这是典型的只关注组织的发展而不注重员工的发展。现实中那些只是一味地拼命挖人的企业，迟早会出问题，它是无法真正建设起组织能力的。

组织都很重视经营，老板都会盯着收入和利润，像重视自己的孩子一样重视财报，而人力资源报告却少有人去关心，更别谈发自内心地去关心。企业发展的根是人，经营业绩是"果"，组织人才是"因"。有因才有果，不重视因哪来的果呢？"说到底，在企业经营中，领导层能调用的最重要的资源无非两项：一是资金，二是人才。而且业绩结果都是人做出来

的，也就是说财务数据是'果'，组织人才是'因'。在分析经营状况时，把财务和人的因素纳入进来，才是真正的追本溯源，才能发现根本问题。"[①]

如果不重视组织人才建设，天天关注经营业绩，可以说本末倒置，不会有真正的好成绩出来。真正从"因"上下功夫，也就是在组织人才上下功夫，才能真正实现好的业绩目标，企业才有未来。组织要关注员工的发展，关注他们做人、做事的提升，之后不断为其提供更好的平台，这是前提。

（二）谈薪酬

要不断地优化薪酬制度，让创造价值的人、让有贡献的人获得回报，一定要消除平均主义和"大锅饭"。不能让"雷锋"吃亏，要让能创造价值的人获得他应得的回报。

一个组织给员工谈愿景、谈发展、谈品牌，就是不谈薪酬，这就是"耍无赖"。这样的企业不在少数，避重就轻，不让马儿吃草又要让马儿跑，不去解决员工的薪酬福利问题，只是一味地给员工"画饼"，这是对员工的不负责任，也是对组织的不负责任。

给员工合理的回报，甚至高于市场价的回报，这才是一个优秀企业应该思考的事情。只想员工多干活，而不思考如何给员工提供更好的薪酬待遇，这样的组织是没有未来的。我们不能只跟员工谈梦想，只有谈员工最关心的话题，才是人性化的组织。

[①] 拉姆·查兰等著，杨懿梅译：《识人用人：像管理资金一样管理人》，中信出版社2018年版。

（三）谈绩效

怎么激发员工全力创造价值，并合理地识别价值、评估价值和分配价值，这是绩效机制要解决的问题。没有好的绩效机制，员工就会陷入"大锅饭"的局面，大家的劳动成果无法准确识别，这就很容易导致组织失去公平性。

而好的绩效管理机制，也跟员工的发展密切相关。绩效管理分为绩效目标设定、绩效辅导反馈、绩效评估、绩效面谈4个环节，是紧紧围绕员工发展进行的。但很多企业把绩效管理等同于绩效考核，只是为了考核数据，然后发工资。

把员工发展与组织发展融入绩效管理，让两者相辅相成，才能使组织能力得到极大提升。

（四）谈激励

人都是需要激励的，人都渴望被认可、被嘉许，通过以下5点可以看到激励的重要性。

1. 好团队：好团队会让大家有归属感、成就感、价值感、幸福感，这需要通过激励来实现。

2. 人性面：人性深处，大家都希望被认可、欣赏、嘉许、表扬、鼓励。

3. 社会面：人是社会性的动物，都有重要性需求，都渴望被尊重和重视。

4. 管理的本质：管理者通过团队来实现工作目标，通过激励不断倡导和反对来树立标准和规则。

5. 文化传承：一个团队，一定要有自己正确的价值观和理念，否则只能叫团伙。好的价值观和理念需要传承，从你奖励谁、惩罚谁、晋升谁，基本就能看出你的文化取向。

通过激励，调动大家的积极性和工作热情，洞悉人性并释放人性，才能确保组织充满活力。很多时候，传统的管理者认为一表扬员工就会飘，他们把鼓励和认可当宝贝一样珍藏，这就是不懂激励。同样，奖罚要分明，该奖则奖，该罚也要罚，这才是正确的激励。这在本书第十七章将会详细讲解。

（五）谈赋能

传统的管理模式，基本是以控制为主，通过标准化让员工按标准执行，领导者发号命令让员工服从执行。如今的管理，构建标准和执行标准是基础，如何通过平台的建设，让大家自主管理，由控制到赋能，成为一个重要的变化。

控制的前提是信息充分或环境相对稳定，否则就变成了瞎控制。今天是一个VUCA①时代，是充满着易变性、不确定性、复杂性、模糊性的时代，如果还只是一味地控制团队就很难随环境而变化，那么组织将无法适应环境和市场。

而且传统的企业组织模式，层层审批、层层控制，使得组织反应变慢，会因此失去很多变革的机会。企业必须减少控制，让员工发挥他们的

---

① VUCA这个术语源于军事用语，并在20世纪90年代开始被普遍使用。"VUCA"是volatility（易变性）、uncertainty（不确定性）、complexity（复杂性）、ambiguity（模糊性）的缩写。

能动性，才能在当今时代更好地发展。"我们所处的环境会出现太多可能性，已经无法进行有效的事前规划，于是我们必须习惯于赋能。不确定性越来越强，于是我们就必须加强敏捷和调整适应能力，就必须放松控制。我们必须将权力赋予我们的各支团队，允许他们'自行其是'。"①

企业如何为员工赋能？让员工自主自发地开展工作、优化工作，是今天企业要重点考虑的问题，谁能更好地为员工赋能，谁就具备更强的竞争力。最高的境界就是基于信任的自主管理，公司搭建好平台，充分放权，让员工自发自觉地工作，让他们自主管理，把企业的控制和多余的管理动作降到最低。

这对传统管理来说，是一个极大的挑战。当然，这也是今天所有企业必须解决的问题，否则被淘汰是迟早的事情。

（六）谈敬业

敬业无论在任何时代都不落伍，这是工作成果与工作效率的保证。员工敬业度不是管出来的，它一定是员工由内而发的。敬业度体现在热情度、认真度、投入度三个方面，任何一个特点都是管不出来的，一定是员工从内心生长出来的，得靠好的团队氛围和组织能力塑造出来。就是说，好的团队会让员工更敬业。人是环境的产物，好的环境可以让坏人变好人，坏的环境可以让好人变坏人。

研究机构ADP Research Institute（ADPRI）关于敬业度的最新研究显示，与团队共同工作的受访者（被研究对象），全身心投入工作的可能性

① 斯坦利·麦克里斯特尔等著，林爽喆译：《赋能：打造应对不确定性的敏捷团队》，中信出版社2018年版。

是那些表示自己大部分工作都是独立完成的受访者的两倍[①]。好团队会让员工更敬业，企业要思考如何建立更好的团队，并让员工在团队中工作而不是孤立地工作。

员工越敬业，企业能力就会越强，企业竞争力就越强。谈敬业，谈如何让员工更敬业，并思考员工不敬业的关键点，这才是最务实的企业策略。

总之，烂企业谈虚的，站在自我的角度思考问题；而好企业更务实，往往回归到管理的本质、回归到企业的目的、回归到管理的常识、回归到人性来思考问题，而且是基于团队和员工视角考虑问题。

员工是企业的根，任何管理，如果不能更好地洞悉人性和释放人性，只是一味地压抑人性和约束人性，那就是在摧毁组织能力和未来。

▶ 小结问题

1. 你的企业是好企业还是烂企业？

2. 为什么时代在进化，烂企业却难以进化？

3. 你有没有更好的方法构建一个好企业？

---

① 马库斯·白金汉、阿什利·吉德："让员工更敬业"，《哈佛商业评论》2019年第9期。

总　结

　　很多企业的员工敬业度普遍维持在较低的水平，由此可以看出目前管理的无效性，且尴尬之处在于从泰勒的科学管理原理开启现代管理学以来，百年来管理研究似乎没有太大的进步。传统管理存在的四大典型问题——管控下的枯燥、封闭下的迂腐、金字塔下的压抑和信息不对称下的低效——是任何企业都逃脱不了的，而且传统的管理必然导致阻碍企业发展的三大毒瘤和烂企业的出现。因此，传统管理明显不适应今天这个时代了。管理是实践的手艺，更是实践的智慧，它不能脱离于实践而独立存在。管理不能像自然科学那样，只沉浸在理论研究中，脱离实践的商学院和MBA教育必须进行深度反思，才有改变的可能。

　　管理必须结合商业发展和时代情境进行改革进步，因此我们必须打破传统管理的桎梏，进行管理创新，让管理不断得到改进。管理是企业的真正核心竞争力，而今天的企业必须切实解决管理问题。肖知兴老师曾大声疾呼："管理是最好的蓝海，在实践层面，最后的光荣，一定属于那些相信科学、相信管理、愿意俯下身来做小学生，在管理上投重资、下大力气的企业。"[1]

　　是时候思考管理的未来了，因为管理的未来才是企业的未来。

　　那么，问题来了——管理的未来在哪里？

---

[1] 肖知兴：《以热爱战胜恐惧：中国式领导力发展大纲》，东方出版社2018年版。

第二部分

新时代管理该往哪里变

导 读

先来思考几个问题：

1. 为什么你的组织总是存在很强的无力感？

2. 我们是不是还要沿用过时的世界观？

3. 面对新人群与新组织，我们是不是还在用陈旧的管理模式？

4. 为了激发组织活力，必须进行管理创新，该如何创新？

5. 如何用游戏化的方式来进行组织管理？

时代发生了变化，互联网时代与工业时代是不同的，市场环境与国家政策也变了，我们的管理哲学也要发生变化。面对新时代下的新人群，组织必须更新。

新时代和新人群都需要新的组织，但我们还在沿用过时的管理模式。我们必须进行管理创新，质疑传统管理、撕开利己主义者的面纱、用好奇心拥抱新规则、关注非主流等方式进行创新，管理才有未来。

游戏化管理创新，是管理创新的一种尝试，也是对我们传统观念的一个极大挑战。然而，它是值得去尝试的，它会给我们带来极佳的体验，它能很好地激发组织活力。当然，它也是有门槛的，需要一定的基础。

用一张旧地图，你永远发现不了新大陆。唯有进行管理创新，管理才有未来，组织才有未来。

第五章　时代变革

变化太快了，互联网、移动互联网、物联网、大数据、人工智能、自动驾驶、区块链、比特币等不断涌现，可以说目前没有多少人能真正把这些概念全搞明白，而且还有很多人拼命地排斥这些新生事物。当你无法理解这些新生事物时，你怎么可能去适应这些技术带来的变化呢？当你去排斥这些新生事物时，你又怎么可能接受这些新技术呢？

时代变革就是这样，上一代总觉得下一代不行，叹息他们是垮掉的一代，但往往一代更比一代强，下一代总会把上一代"拍在沙滩上"。

正如央视纪录片《互联网时代》里所言："身处一个时代开启的黎明时刻，人类未知的远远大于已知。无论如何，新时代已经来临，我们每个人都身在其中。"[1]互联网像水电煤甚至空气一样融入我们的生活，这是创建互联网的先辈想象不到的，然而事实已经发生。工业时代我们已知很多，进入互联网时代我们发现知道得越多未知也越多，焦虑、不安、恐惧必然伴随着我们。

当互联网风起云涌的时候，互联网思维是被提及最多的话题，我身边的一些企业家和高管就带着鄙夷的语气说这个时代太浮躁了，大家不干实事尽在这儿炒作概念，认为别人尽搞一些虚的、没有价值的事情，而他们做得才是有价值的事情。他们对互联网持排斥态度，认为这完全是子虚乌有。我认识一个知名企业的总经理，每次听到有人谈互联网思维，他就暴跳如雷，把

---

[1]　中央电视台大型纪录片《互联网时代》主创团队：《互联网时代》，北京联合出版公司2015年版。

别人大骂一通，最后形成默契，只要他在，大家都不谈互联网相关话题。

2013年左右，我到一家企业上课，他们的很多高管买一打话费刮刮卡给手机充话费，我就嘲笑他们"土"。然后我接连发现，很多人不会打车、不会叫代驾、不会叫外卖、不会在网上缴费……他们大多是80前，当然也有80后。我说的这些现象不是在偏远落后地区，就在北京。

到今天，很多人由原来的排斥到接受再到适应，而也有很多人呈绝望状态，完全看不惯这个时代，或者说看不懂这个时代。不管是接受还是排斥，时代都在前进，要么你跟上时代，要么被时代拖着走，要么被时代淘汰。

不管你如何面对这个时代，事实是我们的生活方式日新月异，企业玩法越来越不同，生意也越来越不好做了。当年风靡一时的聚美优品风光不再，股价大幅下跌，甚至到了生死线的边缘，而一个拼多多在被质疑和怒骂中越来越好。"一个卖假货的"怎么可能有前途？在很多人并不看好它的状况下，今天的事实证明拼多多的商业模式是先进的，是符合这个时代思维的。

时代变化总会让人措手不及，自古至今都如此。而今天这个时代，让人更加措手不及，不知不觉中你就会发现自己落伍了，很多商业和技术你都看不懂了，过往的经验越来越不好使了。然而，跟排斥互联网相反的，是另一种滑稽的形态，动辄大谈O2O、新零售、人工智能……

互联网时代，人群被分成三波。第一波是互联网原住民，以90后为主，他们基本成长于互联网时代，国内真正的互联网兴起是从20世纪90年代开始的，也就是1995年左右，到21世纪初期开始迅速发展，到今天慢慢演变到移动互联网和物联网。互联网原住民从小就接触互联网，互联网成为他们基本的生活方式，就像早期的50后、60后小时玩泥巴一样，他们的思维、行为、习惯都紧紧地与互联网连接。第二波是互联网移民，以80前及80后为主，他们成长于工业时代，思维、行为、习惯紧紧与工业时代连接，随着时代更迭，他们愿意适应新时代，开始从工业时代向互联网时代转移，以更好地理解、接受和适应这个新时代，他们努力地学习和改变自己。第三波是互联网"难民"，以70后及70前为主，他们对互联网持排斥态度，拿固有的思维、行为、习惯来对抗新时代，因无法适应新时代，他们慢慢被时代边缘、排斥和淘汰。

诺基亚的倒闭、柯达的覆灭，都和他们没有跟上时代变化有关系。如果不跟上时代变化，就如同诺基亚CEO所言："我们什么也没做错，但就是失败了！"

万科集团创始人王石曾说过一句很经典的话："我们不是输给了互联网，是输给了不信互联网。"一个新生事物出现，当你用固化的视角和经验来对待它时，你就无法适应新生事物和接受新生事物。

一、互联网时代颠覆工业时代

尽管很多人对"互联网时代"提出质疑，认为这个提法很怪异，难道就因为互联网出现就叫互联网时代？电话发明在当时并不比互联网影响力弱，而蒸汽机的发明推动了整个工业时代的发展，还有集装箱的发明也极大地推动了工业时代发展，那是不是应该叫电话时代、蒸汽机时代、集装箱时代？并不是这样，这三者都可以用工业时代准确地表述，工业是工业时代最精确的定性。然而互联网的发明与推广，引发物联网、人工智能、大数据等，它是这个时代底层的推动力，其他先进技术都是基于互联网演变而来的，企业的商业活动和个人的生活方式都是基于互联网，因此互联网是这个时代最精确的定性。

互联网时代与工业时代的思维模式、世界观都有着本质的不同，由此带来了人群结构、管理、组织等方面的深刻变化。

（一）人群结构

以80前的人为主的人群构成了整个工业时代，他们基本都成长于工业时代的背景下，也就是说无论是50后、60后还是70后，他们都成长在同一个大时代背景下，生存方式具有延续性。进入互联网时代，以90后为主的互联网原住民跟以往的人完全不同，生存模式和生活模式完全不同，这就导致了巨大的代际差异。

（二）管理的变化

工业时代基本以控制为主，管理基本是从上至下，组织以要求、命令、控制为主，员工更多的是服从和执行。互联网时代以激发为主，管理基本是从下至上，组织以激活、赋能、授权为主，员工要自主激发、自我驱动。

（三）组织模式

工业时代主要把人与工业组织结合在一起，具有确定性和稳定性，组织以官僚式科层体制为主，层级非常明显，企业被切分成不同的部门。互联网时代主要把人与信息组织在一起，具有不确定性和变异性，组织以分布式为主，组织扁平化成为核心特征，企业成为互相关联的网状结构。

（四）变化的速度

在整个工业时代虽然也在变化，但速度较慢，而且是在原有的基础上变化，就是都在同一个范式下变化，经验和技能具有可延续性，你只要努力就很容易适应。而进入互联网时代，变化太快了，你即使努力了也可能跟不上，因为它是颠覆式的变化，你的经验和技能可能随时会被淘汰。而当经验和技能无法延续时，就会给大家带来恐慌。

（五）变化的性质

工业时代强调制造，甚至一些企业把员工当成工厂大机器上的一颗颗螺丝钉，基本上只要按照标准和流程或专家的要求做出符合标准的东西就好，你不需要有太强的主动性和创造性。而互联网时代强调创造，员工不再是螺丝钉，他们每个人都是活生生、有价值的人，都具有独特性和唯一性，如何释放他们的潜能成为关键，管理要进行转变，要以激活、赋能、支持为主。

二、环境与政策的变化

除了底层的时代变化外，如今的市场环境和国家政策也发生了很大的变化，因此要求企业运营更加专业而不能像以前那样粗放。那种粗放的宽松环境一去不复返，精细化和规范化逐步被提上日程。

（一）市场竞争

中国改革开放以来，经济呈高速发展态势，一些胆大的人纷纷下海，一批批民营企业涌现出来。因为市场红利和政策宽松，企业在蓬勃发展的同时，出现了市场机会主义和盲目扩张的心态，"做大做强"成为大多数企业的诉求，而精益生产和品质追求相对成为非主流。"中国的改革开放和野蛮增长，在很短的一段时间内，给这一代人带来了令人炫目的巨额财富。台风来了，猪都会飞。胆子大一点、运气好一点、吃苦耐劳一点的创业者，基本都能做成一点事情，成为他们所在社会圈的核心人物，为大家所仰望。"[①]

在这种时代背景下，有些企业发展得挺好，并不是因为它做得多好，要么是市场好，要么是运气好，要么是对手做得太差。当你把市场红利、运气好、对手弱当成你自己的本事大时，就容易出问题。随着时代变革，当消费者和客户越来越重视品质，很多企业拿不出好的产品和服务，他们还在沿用原有的套路，这就导致很多企业被淘汰，或者生存在生死线的边缘。

随着消费升级，中产阶层不断涌现，人们对品质的要求越来越高，而且随着国外企业涌入国内参与竞争，使得如今企业在产品、服务上都更加精细化，同时还有差异化。你再用以往粗放的模式经营企业，是无法跟人家竞争的。

（二）国家政策

如今国家政策越来越收紧，社会管理越来越规范。从竞争形态、环保、市场准入、税收、法律等方面，国家要求越来越高，规范要求越来越精细、严格。

原来很多企业，在破坏生态环境的情况下成长，曾有一本畅销书就深度地揭示了一批传统企业的粗放生存模式，他们以破坏生态环境为代价。而今天不行！各个地方都开始整顿生态环境问题，对一些不合格的以及破坏生态环境的企业进行关停。

---

① 肖知兴 :《以热爱战胜恐惧 : 中国式领导力发展大纲》，东方出版社2018年版。

监管严厉化体现在法律规范上。例如，如今食品安全被国家列入重点监控事项，出台了一系列法律规范，对违法行为要追究行政、刑事责任。

随着互联网工具的应用，国家对企业的管理也越来越透明，像以往那样钻空子变得越来越难以实现。就拿诚信问题来说，以往你欠人钱不还或企业违约行为不会有什么大问题，拖一拖、赖一赖也就过去了，如今你再这么干，你的征信就会出问题，甚至会被限制消费和出行。

总之，国家政策逐渐规范化、严厉化、透明化，因此这就倒逼企业必须规范和夯实内功。

（三）企业运营

如果说工业时代国内很多企业在市场红利下盲目追求"做大"，那么进入互联网时代，企业就要转向"做强"。国家政策与市场环境越来越规范，企业也必须越来越规范。

无论是做强还是规范，都需要企业全面专业化。企业再像以往那样粗放地经营，基本上是没有任何前途的，赔钱和倒闭是迟早的事情。

企业要全面专业化，有两个重心：一是全面规范化，用制度化、标准化、流程化来规范企业的运营，以确保产品和服务质量稳定，尽量将人治改为基于人性的法治，这是中国企业的必修课。因为我们很多企业都停留在人治，甚至是老板一人治的情况下。二是精细化，用专业化团队做出高水平的产品和服务，这是我们缺失的功课，我们粗放惯了，精细难度很大，很多企业在这方面上不来。

时代变化要求企业由原来追求"做大做强"到"做强不一定做大"，市场红利消退，市场环境和国家政策逐步规范起来，这就需要企业运营全面专业化，不能再打游击战，必须用正规军作战。

▶ 小结问题

1. 你怎么看待互联网时代？

2. 你觉得互联网时代与工业时代最大的不同是什么？

3. 对于市场环境和国家政策，你感受到了哪些明显的变化？

第六章　世界观升级

中国是农业大国，清朝时由于闭关锁国，不愿意革新原有的思维方式，被西方坚船利炮强行打开国门。落后就要挨打，我们在工业时代整体落后于西方。最神奇的莫过于慈禧太后让司机跪着开车，这个故事血淋淋地展示了我们在陈旧思维模式下出现的荒谬，我们来看看这个故事：

1901年，慈禧太后过66岁大寿，袁世凯为了讨好慈禧太后，用1万两白银从国外买了一辆奔驰敞篷式小轿车，作为寿礼送给慈禧太后。这辆车的设计很精致：黑色木质车厢、黄色木质车轮、铜质车灯。车厢内有两排座位，前排是一个司机席，后排是两个乘客席。车厢上方，有一顶由四根立柱支起的车篷，四周缀有黄色的丝穗。乘客席座位的下部，安装有发动机，车行驶起来，最高时速可以达到19千米。

袁世凯买到这辆车后，迫不及待地献给慈禧太后。慈禧太后一见，心里非常喜欢，于是就收下了。当时，中国还没有会开汽车的人，可是慈禧太后想过一把坐汽车的瘾，就下令招募司机。最后，一个名叫孙富龄的人成功入选，他曾经为皇家贵族赶过马车，为人机敏，很会来事。慈禧太后非常中意，于是就选中了他，让他去学开车。孙富龄学会开车后，慈禧太后便坐着车在皇宫里兜风。有一次，她从颐和园回紫禁城，大太监李莲英突然发现，孙富龄坐在老佛爷的前面开车，这成何体统？于是，他暗中对慈禧太后说："开车的就是个奴才，怎么能坐在您的前面呢？"慈禧太后一听，觉得有道理，于是便命令孙富龄跪着开车。可是，跪着开车无法踩刹车，很容易发生危险，孙富龄只好把车开得极慢。

有一天，慈禧太后感觉汽车开得非常慢，便问孙富龄怎么回事。孙富龄不敢说是因为跪着开车，没办法踩刹车，为了安全才开得这么慢，只好编了个谎话，说车子有点毛病，不能开快。后来，孙富龄因为没有及时踩刹车，险些在路上出了车祸。这可吓坏了王公大臣们，他们纷纷请求慈禧太后不要坐汽车了。在群臣的苦劝下，慈禧太后无奈地被人搀扶下车，中途又换了十六抬大轿。

后来，慈禧太后渐渐对坐汽车失去了兴致，这辆汽车也被闲置在颐和园里了。而跪着开车的司机孙富龄，因为害怕自己日后有麻烦，便携家带口逃出了北京①。

因为思维沉浸在农业时代，中国在工业时代一直跟在西方后面走。而如今，互联网时代已到来，如果我们再沉浸在工业时代的思维模式下，那么必然会再次被时代牵着鼻子走。

如今进入互联网时代，我们涌现出一批能与西方大企业比肩的企业，如阿里、腾讯、华为等。真正的管理源于实践，我们既然涌现这么多大企业，那我们也有机会构建互联网时代的管理思想，但目前并不是很理想，除了这几家大企业外，其他企业依然在墨守成规的管理思维。

有人认为，我们应该补上工业时代的科学管理课，再谈互联网时代的管理变革。我认为这会误导我们的管理变革。工业时代的科学管理方式，我们不能全盘否定，好的要继承发扬，但更重要的是我们要结合新时代、新人群和新商业的特征创新管理。

然而，实际上，我们不但不创新管理，还在延续以往的传统管理模式。时代变革已来，我们仍在否定、怀疑、质疑、排斥，为什么？

这是因为我们认知世界的底层观念没变，导致自己看不懂新时代，但

①《为什么慈禧太后让司机跪着开汽车？》，见 http://www.sohu.com/a/276256750_100013395。

又不想承认自己无知，为了掩盖自己的无力和无知只有用否定、怀疑、质疑、排斥来让我们感觉舒服些，进而让自己陈旧的观念合理化。

管理本来就是基于实践的一种假设，在此基础之上进行决策，只有用更多可能性来思考，我们的假设才不会过于狭隘，因此才能更好地指导实践。轻易的否定和排斥，是不应该在管理领域发生的，因为管理压根儿就不存在绝对的真理。

说白了，我们的世界观左右着我们对世界的认知，而落后的世界观成为制约我们革新的关键力量。

在初中政治课上，我们就学过世界观、人生观、价值观，但那时只停留在课本的记忆上。在我们漫长的人生道路上，这"三观"都对我们的生活和生存产生过重要影响，尽管你可能不知"三观"的确切定义，但它无时无刻地不在影响着我们的行为和思维。"三观不正""三观尽毁"几乎成为每个人在谈论和玩笑时的必谈话语。但我们到底有多了解它们，必须打个大大的问号。

面对今天这个时代，我们必须重新审视对世界、市场、组织、人的认知，就是我们必须重新审视我们的世界观。

世界观就是我们认知世界的观点体系。"其中不同的观点如同拼图的一块块拼板一样相互联系。也就是说，世界观并不仅仅是一些分离、独立、不相关的观点的集合，而是一个不同观点相互交织、相互关联、相互联结的体系。"[1]

我们不妨捋一捋。时间和空间是绝对的且是永恒不变的。关于组织，我们认为它是可预测、可控、确定的，组织就像一个机器一样，由各个部门关联组成；关于管理，我们认为控制就能确保准确，智慧应该从上层往

---

[1] 理查德·德威特著，孙天译：《世界观》，机械工业出版社2019年版。

下流动，组织模式应该用层级管控。

牛顿世界观促进了整个工业时代的发展，工商管理就是科学管理，也就是基于牛顿世界观的科学管理。我们学习的物理知识，特别是经典物理知识，是以牛顿思想为代表的物理学。"西方世界中大部分人从小到大所接受的都是这一世界观。"[①]

牛顿曾经几乎被奉为神明，英国物理学家开尔文甚至讲："在物理上已经没有未被发现的重大东西了。剩下的一点未知事物也很容易被精确地观测。"更离谱的是，当用牛顿力学测天王星时发现有微小差别时，人们不认为是牛顿错了，而认为是天王星转错了。"今天的人可能会怀疑牛顿的定律，可是在那个时候全世界所有主流的科学家没有一个人认为牛顿错了，而是认为行星转错了。"[②]

牛顿世界观的特点，就是认为宇宙如同一个庞大的机械，我们认为世界是可控制的、可预测的、可计划的、确定的。这样的观念体系，导致我们对市场、人、组织的认知都被认为是可控制的、可预测的、可计划的、确定的。然而，实际情况并非如此，尤其在今天的互联网时代，发现世界并不是可控制的、可预测的、可计划的、确定的。

牛顿世界观的核心特征就是机械论，认为宇宙像机器一样运转，认为时间和空间都是绝对的。在牛顿世界观的影响下，我们认为："物体和事件同样以机械的方式影响着其他物体和事件，而且这种影响是定域的，也就是只有相互之间存在某种关联的物体和事件才能产生相互影响。"[③]然而相对论告诉我们时间和空间都是相对的，时间会随着运动速度变慢，时空

① 理查德·德威特著，孙天译：《世界观》，机械工业出版社2019年版。
② 李善友：《互联网世界观》，机械工业出版社2015年版。
③ 理查德·德威特著，孙天译：《世界观》，机械工业出版社2019年版。

也会产生弯曲。

随着量子物理的发展，我们发现与牛顿世界观完全不同的事实。"根据阿斯派克特实验所揭示的新量子事实，似乎牛顿世界观中有关宇宙的核心观点已经站不住脚了。我们也许不理解这怎么可能，但是我们所居住的宇宙中，确实存在事件之间即时、非定域的相互影响，甚至是地理位置相距很远、显然不可能具有任何形式的联系或关联的事件之间，也会存在这样的影响。"[1]

因量子力学的发展，就产生了芯片、计算机、互联网，可以说量子力学是互联网时代的底层世界观。混沌大学创始人李善友大胆推论说："科学管理基于牛顿世界观，而互联网思维基于量子世界观。"[2]在这里要特别说明一下，商学院的很多老师特别排斥李善友。我也不是全盘接受他的观点，但我敬佩他一直在探索创新的可能性，管理就是要基于实践、情境和时代不断探索各种可能性。对错不重要，如何有效地指导实践，服务于社会，这才是管理研究者要重点思考的问题。逻辑再自洽，变量研究如何全面，如果远离实践，这样的管理研究就是扯淡。

真正的管理实践，有时比论文里研究的要简单，就是你想复杂了；有时又比研究的复杂，就是你想简单了。因此，对于管理来说，变化很重要，探索很重要，而固化、坚守、排斥最糟糕，这是商学院一些所谓的管理教授最容易犯的错误。

基于牛顿世界观的确定性、可预测性、稳定性、关联性，我们的管理是计划、控制、组织，而今天世界观迭代到量子世界观，我们发现世界并不像我们原本想象的那样，充满了模糊性、不确定性、复杂性，因此管理

---

[1] 理查德·德威特著，孙天译：《世界观》，机械工业出版社2019年版。
[2] 李善友：《互联网世界观》，机械工业出版社2015年版。

也必须进行更迭、升级、进化。

底层逻辑都变了，管理如果不变，必然无法更好地促进组织发展。量子管理学创立者丹娜·左哈尔在《量子领导者》中说："颠覆牛顿式管理，以量子管理引领组织的未来。"[①]

"我们现在生活、工作中的组织都是依照牛顿时代的世界观设计的。在管理上，我们首先把事物分解为若干部分，并认为，影响是人与人之间直接推动的结果。我们制订复杂的计划，指望世界是可预测的。而且，我们不断地寻找更好的方法，期望能客观地感知世界。这些假设条件，来源于17世纪的物理学——牛顿力学。它们是我们设计和管理组织的根基，我们对社会科学的研究也都是基于这些假设。不管有意无意，我们总是根据自然科学建立自己的世界观。"[②]

世界观是我们认知这个世界的底层观念体系，我们对其他一切事物的认知都是建立在这些观念体系的基础上的。以量子世界观为底层观念体系的互联网时代，如果我们的世界还是用工业时代的底层观念体系——牛顿世界观，我们必然无法真正客观地认知这个时代的商业、组织、人以及市场。

正如萨提亚·纳德拉在《刷新》中所言："每一个人、每一个组织及至每一个社会，在到达某一个点时，都应点击刷新——重新注入活力、重新激发生命力、重新组织并重新思考自己存在的意义。"[③]是时候刷新一下我们的世界观了，这样我们才会认真地审视新人群与新组织。

---

① 丹娜·左哈尔著，杨壮等译：《量子领导者》，机械工业出版社2016年版。
② 玛格丽特·惠特利著，简学译：《领导力与新科学》，浙江人民出版社2016年版。
③ 萨提亚·纳德拉著，陈召强等译：《刷新》，中信出版社2018年版。

▶ **小结问题**

1. 你的世界观是什么？它是如何影响你对这个世界的认知的？

2. 牛顿世界观与量子世界观最大的不同是什么？

3. 为什么今天的组织要基于量子世界观思考？

第七章　新人群与新组织

一、新人群的特征

　　1990年出生的人，如今已经30岁了，进入而立之年。90后逐渐成为企业用工主力和消费生力军。这一代人成长于互联网时代，再加上现在消费逐步升级，他们无论是作为客户去消费，还是作为员工去工作，都比较讲究体验。同时，他们从小都在信息化环境中生存，兴趣点非常广泛。这也导致他们参与度某种程度下降，很难持续参与到一个活动或圈子中，除非匹配他们的价值观和兴趣点。

　　陈旧的组织模式，体验感比较差，连工业时代成长起来的人都受不了，那它还如何激发这些新人群呢？

　　90后构成的新人群，对自己的职业发展也有他们独特的思考。他们期望职业发展大致是这样的："一个能持续学习的工作环境；一段有意义且目标明确的工作经验；一条动态且有价值的职业发展路径。"[①]对于很多90前的人，尤其是60后、70后，我们听到的最多的话题是："我是企业的一块砖，哪里需要哪里搬！"企业认为这样理所当然，员工也被迫适应！这种思想，在国内的很多企业存在，员工缺乏自主选择性，而企业影响着员工的命运。但随着90后成为企业主力，这样的思想是完全不被接受的，上面这三点职业要求说明90后对"我是一块砖"是完全排斥的。

---

① 本·拉莫尔特、保罗R·尼文，况阳译：《OKR：源于英特尔和谷歌的目标管理利器》，机械工业出版社2017年版。

新人群就会产生新思想、新行为、新习惯，老人群总是看不惯新人群，认为他们是垮掉的一代，不负责任、不努力、怕吃苦成为新人群身上的明显标签。如同乔治·奥威尔所言："每代人都幻想自己比上一代人更聪明，比下一代人更智慧！"看不起上辈又瞧不上晚辈，说明我们老了。

无论你怎么排斥，新人群依然会成为时代的主力，老人群必然要退出历史舞台。我们只有去接受新人群，才能更好地理解他们和领导他们，组织也才能更好地构建符合新人群的组织文化。

新人群尽管与以往的人群有很大的不同，但依然有迹可循，我们可以研究他们的特征，以便找到更好的组织管理方式，以激发他们的活力，但不等于我们就要把自己变得跟他们一样。"尽管每个人都称自己是'最好的一代'，其实并没有最好一说。当你和各年代的人一道工作时，只要想着'他们没有更好，也没有更糟，他们只是彼此不同'，甚至是非常不同，但这也没什么大不了的。"[1]

二、新组织的特征

新时代，新人群，但我们的组织模式较陈旧，这无法达到我们预期的组织效果。如今你总感觉不对劲，组织充满了混乱，也没有获得应有的活力，很多政策落实不下去，浓浓的失控感在组织中弥漫。这是正常的，因为你在用陈旧的组织模式组织新时代的新人群。用一张旧地图，怎么能发现新大陆呢？"我相信，我们现有的组织行为是不合时宜的，我们采用老方法越久，离对组织——科学界称为'大象'——突破性理解就越远。复杂的层级，以及对事物无法控制和失去控制的感受，

---

[1] 布拉德·卡什等著，越桦译：《代际管理》，电子工业出版社2017年版。

只不过是一个信号，说明我们对组织生命和一般意义上的生命未能理解透彻。"①

新人群的特征，对组织提出了4点新要求：

（一）体验

客户或员工至上，组织如何为客户创造更好的体验，提供令客户尖叫的产品和服务；组织如何为员工创造更好的体验，提供令员工尖叫的工作和成长环境，创造适合年轻人组织氛围。然而传统的管理模式，很明显是无法为员工提供良好体验的，它容易让员工感受到工作的枯燥、压抑、乏味、无聊，不利于员工个性的施展和潜能的发挥，更别说创造力的呈现了。

当员工无法获得良好的体验时，他们怎么可能为客户创造好的体验呢？糟糕的员工体验，是无法呈现优质的客户体验。

（二）开放

打破组织的部门之墙，让各部门互动互通起来，让各个部门能在分工的同时更好地进行协作；打破组织的边界之墙，让客户参与到组织运营中来，让客户信息能及时准确地流进组织的决策层。

传统的组织是封闭的，其部门之间难以协同，组织与外界边界明显，组织越来越封闭，规模越大离客户越远。因此官僚作风——俗称大企业病——更盛，而效率却越来越低。

---

① 玛格丽特·惠特利著，简学译：《领导力与新科学》，浙江人民出版社2016年版。

（三）扁平化

打破官僚体系，减少组织层级，创造敏捷性组织，让组织上下之间能很好地进行信息流通，让决策层能更好地感受客户和员工的需求，以更好地适应时代和市场变化。

这点说起来简单，但实际上执行起来非常难。组织扁平化，就意味着管理者被减少，在一定程度上是撤掉管理层的饭碗，而管理层自然会阻碍这样的变革以维护自己的利益，使组织扁平化难以实现。但若不扁平化，组织就会远离客户和员工，走向完全的自我封闭，最终会走向死亡。

（四）共享

把组织由原来的控制型变为平台型，让员工共创共享，由原来老板的企业变成大家共同的平台；同时共享信息，与客户协同起来，让客户参与管理，客户与企业的关系从成交开始重新联结。

传统组织老板认为企业是自己的，无法接受让员工与自己共享企业利润。一个国内知名的股权培训机构，十几年下来，发现真正把股权激励落地的企业不多，大多数企业老板学完回去真分钱时手就软了，相对的，与员工共创共享，与客户协同共享就容易多了，比如滴滴的模式就是一种共享模式。

基于以上4个要求，对于互联网时代的新组织来说，又形成4个重要的特征：

第一，体验即营销。好的体验就相当一次好的营销，客户获得好的体验所形成的口碑传播比打广告更有效。

第二，过程重于结果。如果做好过程管理，让员工沉浸于当下做事情，而不只是一味地追求结果，往往结果不会差或者说差也只是暂时的。

第三，口碑是生命。互联网时代信息的透明化以及传播之快，让客户口碑成为企业的生命线，一次差的口碑对企业的品牌就是一次极大的伤害。

第四，平台重于控制。如何搭建好的平台，而不是一味地控制员工，是这个时代组织的新课题。

▶ 小结问题

1. 你如何看待新人群与新组织？

2. 你的组织模式具不具备新组织的特点？

3. 基于新人群和新组织，你认为组织的管理应该做哪些改变？

第八章　管理的未来

　　传统管理原本就存在很多现实实践中的痛点，国内又存在学院派、实战派、忽悠派、国学派和无知派等很多类型，想要学习，感觉十分费劲。加上旧有的管理模式也明显落后于现在商业发展，并产生4个典型问题：管控让工作变得枯燥；封闭让组织很迂腐；金字塔结构下的压抑；信息不对称下的低效。而且，传统的官僚式科层机制，很容易出现地位性懈怠、成就性傲慢、权力性放纵等组织毒瘤。更糟糕的是，国内的很多企业，不真正去谈组织能力建设的话题，反而喜欢谈一些虚的且不利于组织能力实际建设的话题。

　　这些问题，已经严重地影响了我们的组织建设，然而我们又面临着巨大的时代变革，新时代下的新的人群结构又给组织提出了新的要求，借用明末文学家冯梦龙《醒世恒言》里话："屋漏偏逢连夜雨，船迟又遇打头风。"层层的问题，接连不断涌向我们，给组织发展制造了极大的困惑、困扰或困难。

　　如果不着手解决这些问题，企业就没办法存活。也许很多企业现在还没有回过神来，甚至很多高管也仍在观望，但时代不会给你太长时间，不变革就被时代淘汰是迟早的事情。我们必须进行管理变革，以确保组织不断进化，以适应时代的发展和市场环境的变化。

　　问题是怎么变？如今很多人已经意识到需要变化，但变化说起来容易做起来难。他们常常在焦虑中伴随着恐惧，认为"不变等死，变了却是找死"。因为时代的巨大差异，小变和慢变都不行，很多时候我们需要推倒重来，这样就必须进行管理创新，就是用新的思想、新的方式、新的规则、新的模式来进行管理，唯此，管理才有未来，组织才有未来。

管理的未来在哪里？

下面着重探讨如何进行管理创新，只是给大家一个借鉴，并不是唯一真理和答案——管理本来就没有标准。这个时代，无论是商学院的教授，还是实践管理者，都需要重新审视自己对管理的信念、对组织的假设，把管理创新融入实践，杜绝一成不变和固守传统。

我讲的也许不一定对，但这不重要，只要能启发大家的思考，哪怕是激起一点反思，这样的探讨也是有价值的。

一、质疑传统管理

在拿锤子的人眼里，满世界都是钉子。在掌握了传统科学管理的管理者眼里，他们认为工业时代的工商管理就是最好的管理方式，因为传统的工商管理是他们擅长的事情，而他们也是既得利益者。

承认自己错了是一件痛苦的事情，因此，很多人像遇见危险就会选择把头埋进沙土里的鸵鸟一样，他们对自己无效的管理视而不见，依然一天天用糟糕无效的管理折磨自己、折磨团队。尽管很多组织用一套极其复杂而愚蠢的控制手段运营企业，效率低下、成果很差、团队涣散，但这不影响管理者美好的形象——西装革履、豪华的办公室等，他们有时错误地把自己的形象等同于管理效果。真正的管理其实不是这些，真正的管理是组织的活力、团队的士气以及优质的产品和服务等。

对于传统管理者以及很多传统组织来说，他们不能想象如果丢掉科层、审批、控制后组织该如何运营。"这就像鱼儿不能想象没有水的世界一样，我们也常常不能预知自己没有经历过的。因此，挑战局限、挑战传统显得更加必要，毕竟拥有丰富技术的人通常不会拥抱新技术。"①鱼儿不能想象没有水的世界，拥有传统管理技能以及经验的个人或组织也不能想象没有科层的组织。

哥白尼的日心说、牛顿的经典物理、爱因斯坦的相对论都存在理论局限，今天量子物理几乎颠覆了我们的认知，但谁又敢保证量子物理不会错呢？这么硬核的科学都在不断进化和自我否定，那一个基于实践活动而建立起来的管理学科凭什么就不能进化？凭什么就认为自己不会过时呢？凭什么就敢确保自己永远正确无误呢？必须发出这样的质疑之声，去挑战我们的局限和传统。

对传统管理进行质疑，这是管理创新的开始，质疑错了都不要紧，可怕的是我们不但不质疑，还全盘接受既有的管理思想并排斥他人的新想法。这里的质疑不是对某个点进行质疑，而是对传统管理的整体思想和模式——组织模式、商业模式、管理规则等进行质疑，否则你很难真正进行管理创新，一不小心你就又掉入习惯的窠臼里无法自拔。加里·哈默说："怀疑和谦逊是管理创新者的重要品质，但还不够。为了给管理创新创造空间，你得系统解构那些蒙蔽你和同事接触新观念的管理传统……很少有管理实践是基于自然规律的。虽然管理者们必须与根植于人类的行为本性作斗争，但没有一项限制超过人类思维的限制……不是人类的本性限制了管理的幅度和范围，而是我们未经检验的理念。"②

工业时代的工商管理是被我们大多数人接受的管理方式，包括老板、管理者、员工、客户等，它是一个普遍被接受的信念，我相信大多数人都

---

① 加里·哈默、比尔·布林著，陈劲译：《管理的未来》，中信出版社2012年版。
② 同上。

没有真正去怀疑。加里·哈默认为那些被普遍提到的理念需要进行最详细的审查，因为它们不太会引起争议，很少被审查。

在质疑传统管理的同时，我们作为管理者也要质疑自己的管理思想和管理方式，只有敢于说"我错了"才是真正管理创新的开始；否则，创新只能成为一句空谈！

在我所在的企业，有个非常重要的质疑制度，就是允许大家质疑公司下发的任何制度和决策。大家随时提交自己的质疑，每月公司将大家的质疑收集上来后，由公司高层构成的决策委员会来评审。含金量高的质疑被评为金点子，给予不少于500元的现金奖励并在全公司通报表扬，更重要的是对于提出质疑的部门的相关管理者进行绩效加分，如果是管理者本人提出的质疑被评为金点子，加分更高。当然，针对质疑我们有3条原则：一是对事不对人；二是针对质疑任何人不作反驳、解释，只接纳反思；三是任何人在日常工作中不允许拿质疑的内容说事。员工一般不愿意去质疑公司，因为传统管理官僚体制已经让他们害怕发声，弄不好会惹祸上身，这3条原则就给大家吃了定心丸，让大家敢于大胆地去质疑而没有顾虑。

这在传统的管理者认知里是不敢想象的，他们认为管理者才是权威，员工被动执行就行了，其质疑管理者或公司，简直就是胡闹。然而通过这个制度，我们发现了很多部门下发的制度、流程、标准以及决策都存在问题，在一线工作的员工，他们能更好地发现问题，他们的质疑为公司变革和制度修订提供了非常好的参考点。

二、撕开利己主义者的面纱

不可否认，有很多管理者意识到管理中存在的问题，但却视而不见，不敢直面问题，甚至坚守和鼓吹传统管理没有问题。现在说要打破科层结构，使组织架构扁平化，管理者自然首当其冲，本能地会保护自己，不但会成为变革的障碍，还有破坏变革的可能性。现在大多数管理者是传统工商管理下的既得利益者，质疑传统的工商管理就等于质疑他们自己，拿刀割自己的肉，我想没有多少人愿意。

当大家都在呼唤传统管理的变革时，有些人却置若罔闻，不乏一些企业的高管、商学院的教授、管理咨询顾问等。传统的一些管理理念仍然大行其道，这不足为怪。因为企业的高管要维护他们的地位和利益；商学院教授要靠教授这些陈旧的知识谋生；管理咨询顾问需要靠这些陈旧的理念生存；再加上大量的实践管理者缺乏深度思考，他们往往延续过往的经验，不知道如何更好地去管理。

可以说基于工业时代的工商管理，就是一批从传统管理中受益的管理者和以靠教传统管理谋生的商学院教授，以及靠传统管理咨询培训为生的咨询顾问共同编织的美好时代，在时代车轮往前推动时，他们成为传统工商管理的捍卫者，也成为管理创新的抵制者。

对于传统管理，我们有很多坚定不移的假设，潜移默化地影响着我们的管理行为。传统的管理者不能想象没有控制会怎么样，他们认为员工都是需要被控制和约束的，控制越细，说明管理越到位，因此流程、标准、审批随着企业的发展变得越来越复杂。给员工自由，让员工独立思考，不等于给组织安放定时炸弹吗？因此，传统的管理者让员工盲目地忠诚和服从，不允许他们有过多想法。必须设置详尽的部门，分工越细才能越高效。随着规模扩大、业务增加，管理层级必须增加，管理岗位也要增加，否则管理很难有效。这种思想基于"管理幅度"这个命题——一名管理者最多只能管理多少人。这些都是对我们传统管理深信不疑的信念，很多组织也在这么干，他们认为这么干才是正确的管理。加里·哈默说："大多数管理者坚信，没有管理者就无法进行管理。事实上，这可能是所有管理传统的'渊源'。"

想想看，如果以下信念在组织里大量存在会怎么样：员工可以自我管理，组织可以减少控制，员工具有自治且能主动推动企业发展；组织的智慧可以从基层往高层涌入，员工可以拥有决策权，而不是像传统企业那样权力都集中于高层；组织可以取消大量的中层，消除一些没必要的层级；组织高层可以把官僚称谓改为更亲切的称呼；公司职能部门不是管理一线，他们应该服务一线，由以前他们考核一线变为他们的工作由一线评价……那么，管理者的地位和权威是不是就被打破了？同样，既然员工可以实现自治和自我管理，那还要那么多管理层级和管理者干吗？当你跟传统管理者说"最牛的管理就是不管"时，他们肯定跟你急！然而当今时代，最牛的管理不是管得细、控制得严，而是少管甚至不管。

说到此，很多人应该明白，管理者有时看似在维护组织利益，但其实只不过是在捍卫自己的权威和地位罢了！这种把利己包装成正义的做法很普通，看似为组织好，怕组织产生混乱，最后只不过是维护自己的利益罢了。组织必须揭开"皇帝新装"这种假象，站在组织创新高度思考问题，避免被管理食利者的假正义绑架。

要进行管理创新，必须揭露这种借为组织好的名义维护自身利益的利己现象，撕开利己主义者的面纱，让事实在组织流动，打掉这种利己主义，才能为管理创新清除障碍。加里·哈默坚定地认为，公司越快摆脱传统管理理念，就能越快适应未来。穿新鞋走老路是不行的，商业活动完全变了，技术变了，你还用过时的管理来运营新的商业模式，肯定没有未来。

三、用好奇心拥抱新规则

现在的主流管理背后都有一套陈旧的规则，比如标准化、专业化分工、控制、流程、审批等。这些规则，都是工业时代一批管理学家提出来的。加里·哈默也有同样的看法："大部分公司的主流管理实践基于一系列过时的规则——它们的根源甚至可以追溯到工业革命初期。"

这些产生于工业时代的管理规则确实极大地提升了工业时代的效率，让我们过上了富足的生活，今天的交通、建筑、生活方式很多都是工业时代的产物，我们得感谢这样的时代，但这并不等于我们要完全认同这个时代产生的管理思想。借用哈默的话来说，就是我们不可能用旧规则来解决新问题或长期没有解决的问题。如此多的管理问题，我们不能指望用制造这些问题的传统管理来解决，必须跳出思维的怪圈，重新审视我们的管理活动本身才有可能解决这些问题。

这些旧规则很明显的目的就是为了更好地控制，标准化的流程制度看似能提升效率，或者能让组织看上去很有序，以便更好地控制组织，但同时也会扼杀创意和灵活性。工业时代讲究制造，互联网时代讲究创造，前者通过控制能实现，而创造力是无法通过控制来实现的。

面对不确定的市场环境，组织需要具备敏捷能力，就是要能灵活应变，及时调整和进化，但传统的控制型管理模式是无法做到的。传统的管理模式，容易让组织僵化、固化、守旧。加里·哈默说："没错，这些工业时代规则的长期应用是有利于经济繁荣的。然而，如果管理的目标是创建具有高度适应性和充分人性化的组织，那么这些规则是不充分的，甚至是有害的。"

旧的规则有它的局限性，一味追求效率和秩序会让组织的包容度降低，容易忽视那些看似无效和无序的创造性行为，同时让组织越来越封闭。这必然会让组织的熵增增加，使组织逐渐丧失活力，迈入死亡之路[①]。

为此，我们不得不保持开放的心态，用极强的好奇心拥抱新规则，以达到激活组织的目的。奈飞是一家传统公司向新型公司转型相当成功的组织，他们不断超越和突破固有的管理规则，引入和尝试新规则，"我们试验每一种能够想到的，可以把团队从不必要的规则和审批中解放出来的做法"[②]。他们在管理创新上大胆挑战固有思维，为组织激发了更强的创造力，让他们能在时代洪流中脱颖而出。

这些新规则怎么产生？其实我们可参考的榜样还是很多的。我们可以看看生命进化，我想任何一个组织都无法跟生命的复杂度相提并论，从生命出现到今天，随着环境的变化，它不断进化，以更好地适应环境，然而生命进化遵守着一些简单而基本的原则——"物竞天择，适者生存"。我们是否能找到推动组织进化的基本原则？当然我们也可以参考市场，发现市场背后那股强大的无形力量让市场生机勃勃，一旦人为干预市场就会失去它的活力，这个力量就是资源的灵活配置和流动。那组织能否找到这样的无形力量而减少有形控制呢？我们还可以参考动物种群，大规模的动物群体活动时，如鱼群、鸟群，他们在活动时可以形成复杂而庞大的自组织群体，但只遵守3个原则，即避免与附近的其他成员碰撞；飞行方向与其他成员保持

[①] 熵增：熵增定律是克劳修斯提出的热力学定律，克劳修斯引入了熵的概念来描述这种不可逆过程，即热量从高温物体流向低温物体是不可逆的，其物理表达式为：$S=\int dQ/T$ 或 $ds=dQ/T$。孤立系统总是趋向于熵增，最终达到熵的最大状态，也就是系统的最混乱无序状态。但是，对开放系统而言，由于它可以将内部能量交换产生的熵增通过向环境释放热量的方式转移，所以开放系统有可能趋向熵减而达到有序状态。

[②] 帕蒂·麦考德著，范珂译：《奈飞文化手册》，浙江教育出版社2018年版。

一致；不落单。那我们的组织能否用简单的规则进行自组织呢？

以上是源于外界的进化借鉴，我们可以通过一些其他事物的进化模式学习新规则，以达成让组织进化的目的。除此之外，我们更重要的还是要激发内部人员提出新规则，以从内部打破平衡，进而推动组织进化。

管理本身是基于解决实际管理问题而提出的一套假设，再制定一套规则来指导实践，并在实践中不断优化。新的商业活动需要新的管理规则，要么它从传统规则进化而来，要么我们重新提出新假设。新时代的管理者，需要拥有极强的好奇心，并保持开放的心态，这是提出新规则的基础。

四、关注非主流

组织的趋同效应很常见，大多数管理者都会选择与自己相似的人成为部下，而企业文化也容易让大家趋于一致性。随着企业越来越规范，企业文化也会变得越来越强势，排他性因此变强，表面看似具有很强的凝聚力和统一性，然而背后却是单一性和一致倾向，也就是组织里的人会变得越来越相像，思想一样、行为一样。这背后的原因，就是："管理者倾向于近亲繁殖。当然，这不是指真正的亲戚，但围绕在他们周围的往往是那些与他们的生活经历相似的人群。"[1]这种趋同效应，对组织的发展非常不利，容易扼杀创新和活力，包容度也会变差。

组织随着发展会逐渐规范，在变得越来越趋同的同时产生排他性，不但会封闭自我，还难以产生差异。一些与组织主流声音不一致的想法，与组织主流文化不一致的人，以及与组织主体业务不一致的业务都会被边缘化或直接被

---

[1] 加里·哈默、比尔·布林著，陈劲译：《管理的未来》，中信出版社2012年版。

否定。

上面讲到了生命进化，它的核心是变异，基因突变让更多适应环境的生命成为可能，如果基因没有变异，那生命就会消亡。"任何系统中，差异性决定了它的适应能力。越大的差异——思想、技术、态度、能力——等更大范围的适应性。"①组织的趋同，也使组织容忍差异性变低，进而适应环境和市场的灵敏度会降低，越大的组织越难以产生变化，就像恐龙会灭绝一样，一个僵化的组织也容易消亡。

组织要避免趋同效应，就要关注非主流，甚至重视非主流。对于主流文化，不用再加重去强化，它本来就有很强的渗透力，而非主流的文化却需要保护才有存续的可能性。我们看到的非主流，就是组织进化的基因突变机会点，也是推动组织变革的关键要素。加里·哈默说："如果你站在主流之中，你就不能看到未来。为了能一窥管理的未来，你必须寻找'积极出轨'——挑战传统实践的组织和社会系统。管理学也是一门科学，往往是异常现象帮助人们获得了新发现。"

我们可以从以下几点关注非主流：

第一，差异化地培养人才。在人才选拔和招聘上，要避免管理者"近亲繁殖"，甚至要刻意打破惯例和常规。华为在《人治到法治：华为人力资源管理办法》中特别提出："破格提拔在为一贯绩效表现优良的员工提供成长机会的同时，也要敢于打破普适规则，对于一些虽存较多缺点但在业务领域具有独特贡献的'歪瓜裂枣'，大胆给予担当重任的机会。"

无论是选拔还是招聘，都要敢于破格任用，同时敢于任用自己不喜欢的人，这样组织才能涌现更多差异化的人才。他们可以给组织带来新的思

---

① 加里·哈默、比尔·布林著，陈劲译：《管理的未来》，中信出版社2012年版。

想、观点、做法，为组织进化提供选择样本。关注那些你不喜欢或与你想的不一样的人，他们往往是我们最需要的人。

一次，我在外聘人才时，一名高管对我说一定要以我们现有的高管为模板去甄选，我听后对他说：如果这样我也不合格，因为我就习惯性地与大家保持不一样。按某个模板去选人，以及选跟自己差不多的人，这是很多组织都在干的事情，看似很正确，却为人才差异化埋下隐患。一个组织里，人的趋同度越高，这个组织就越危险。

第二，让组织文化多元化。组织文化不能一劳永逸，也必须不断迭代和进化，组织要通过制度化手段打破文化一致性，比如鼓励创新、质疑、挑战权威，同时让这样做的人安全和获得重奖。

不同的声音在组织里流动，甚至出现一定程度的冲突，才有可能创造多元化的组织文化。多元化的组织文化，可为组织容忍差异化人才打好基础，也可为组织进化打好基础。

第三，管理层要学会问"为什么不"。我们大多时候关注的是"应该如何"，应该通过开会解决问题、应该加强审批、应该完善流程、应该领导发言……为什么不取消开会？为什么不取消审批？为什么不砍掉流程？为什么不让领导闭嘴？

反过来看一件事情，也许会让我们看到平常看不到的问题，同时为我们创新开辟新的思路。没有那么多应该，为什么不……

▶ 小结问题

1. 为什么今天这个时代，我们需要管理创新？

2. 为什么管理创新在组织里会如此之难？

3. 都有哪些好方法可以推动管理创新？

第九章　游戏化思维引领管理创新

谈了这么多传统管理的问题，下面我们重点探讨面对新时代、新人群组织管理的系统创新方法。

当然，我在此还要声明，我讲的有可能不准确的，因为管理的实践性和边界性实在是太强了，没有任何的管理创举能确保在任何情境都适用或都正确。这里仅供参考，作为管理创新的借鉴，再说也只是管理创新的一种，而管理的创新会有很多种。当然，我可以肯定的是，我讲的都是我在干的，并非只停留在思想的层面上来谈管理创新。

一、人与游戏

如今让父母最焦虑的事情莫过于孩子沉迷于网络游戏，但孩子却对父母认为有用的学习毫无兴趣。孩子可以用搭上未来的勇气去玩游戏，就是不干家长们都认为重要的事情。父母用没收手机、打骂、恐吓等手段来控制孩子玩游戏，最后发现屡屡受挫。我身边有不少朋友，他们也面对同样的问题却无解，有几个家长还带着孩子来找我，希望我引导一下孩子。有一个家长带孩子来后，就开始当我面数落孩子不争气，浪费父母的一片苦心，孩子当时就失控地怒吼："你咋就这么扯呢？我咋就这么想骂你呢？"而同样，企业也面临着同样的问题，很多年轻员工晚上熬夜玩游戏，白天上班没精神，这让很多管理者很苦恼。

在我们大多数人的认知里，游戏毫无益处，尤其是今天的网络游戏，他们认为游戏只会让你浪费时间，消耗生命，虚度人生。我们往往用"游戏人生""玩物丧志"来形容不务正业的人。我们对游戏都有太大的偏见，这源自我们固有的认知以及文化深处对游戏的排斥。各种对游戏偏见性的负面评价，让我们认为它难登大雅之堂。很多家长认为孩子打篮球是正事——他们不知这也是游戏的一种，而只要孩子玩手游就会破口大骂。

传统的管理者和家长对网络游戏痛恨至极，对游戏公司也愤怒不已。这些传统的管理者和家长一边在骂着游戏毁人，一边可能就正在打着麻将、斗着地主、扎着金花，他们完全没想到自己玩的也是游戏，只不过今天的年轻人玩的跟他们不一样罢了。我们从小到老，都在玩游戏，从踢毽子、打沙包、打牌到玩各种网络游戏，如魔兽、王者荣耀、英雄联盟……

玩是人的天性，玩也是人生活中的一部分。我们都在玩游戏，我们要思考的是为什么游戏会有这么大的吸引力，以及如何不沉迷于游戏，而不是排斥和否定游戏。

我在前面讲过，90后、00后生长于互联网时代，从小就跟电子游戏接触，可以说电子游戏就是他们生活的一部分。我们与巨大的时代潮流相逆，只会让自己成为互联网时代的"难民"，不但不利于自己和组织适应时代，自己的思想和理念还会成为自己进步和组织进化的障碍。

我们很容易排斥我们认知和经验范围以外的事情，人都是自恋的，都想证明自己是对的。因为对游戏的排斥和否定，使得我们忽略了它存在的价值，以及如何用游戏化的方式来改造商业、管理、生活。商业、管理、生活，都没有固化的模式，可以说在一定程度上，他们都是实践的智慧或手艺，因此我们应该解放一些束缚，探索各种可能性。

简·麦戈尼格尔在《游戏改变世界》里提到娱乐软件协会的年度游戏玩家研究报告数据表明：69%的户主玩电脑和视频游戏，97%的青少年玩电脑和视频游戏。他称："在不久的将来，那些一如既往排斥游戏的人会陷入很不利的位置。那些认为不值得把时间和注意力花在游戏上的人，无法了解如何在社群、企业和个人生活中利用游戏的力量。他们准备不足，无从参与塑造未来。因此，他们会错过一些原本极有把握解决问题、创造新体验以及弥补现实缺陷的机会。"[①]

简·麦戈尼格尔曾在游戏开发者大会（GDC）上演讲时称：现实已经破碎，而我们需要创造游戏来修复它。为什么那么多孩子逃离学校，去游戏中消耗时间？你看看父母及学校是怎么对待学生的？学校以成绩衡量孩子是重要甚至唯一的准绳，上不完的课外课及做不完的作业，大量的课后作业让孩子喘不过气，老师布置的作业家长帮着也不容易完成，以至于在我们国内出现妈妈一个人辅导作业是单打，爸妈两个人一起辅导作业就成了双打。

如此破碎不堪的学习环境，哪有热爱学习的可能性？孩子如果没有一个逃离的通道，我想那该多没意思呀！同样，在我们的工作中，钩心斗角的团队氛围、高高在上的领导模式、含混不清的工作职责、缺乏认可和激励的管理，这都让员工对工作无感，于是逃入游戏就很正常。

简·麦戈尼格尔在研究吕底亚人后，发现他们在极度恶劣的生存环境下，在面临大饥荒时，发明了一种奇怪的解决饥饿的方法，就是先用一整天来玩游戏，让大家感受不到对食物的渴求，接下来的一天他们吃东西，克制玩游戏，他们发明了骰子、抓阄儿、球以及其他常见的游戏，就这样他们熬过了18年。简·麦戈尼格尔总结说："游戏把生活变得可以承受，它让饥饿的人群在无力的环境下生出了力量感、在混乱的环境下生出了秩序

[①] 简·麦戈尼格尔著，闾佳译：《游戏改变世界》，浙江人民出版社2012年版。

感，让他们能够忍受本来完全不足以为生、不适合居住的环境。"

然而，我们今天没有了真正的饥饿，但却极度地精神空虚，对破碎现实的不满越来越严重。"今天，巨大而原始的'饥渴感'正折磨着我们中的许多人，但它不是对食物的渴求，而是对更多、更好地投入周围世界的渴求。和古代吕底亚人一样，很多玩家已经想出该怎么样利用玩耍的沉迷力量摆脱饥渴感：对更满意工作的饥渴、对强烈族群感的饥渴以及对更有意义的人生的饥渴。"①

游戏是人类文明的组成部分，人人都是玩家，我们应该利用游戏的独特体验来改造破碎的现实，重塑对工作、生活、组织的美好体验，而不是去排斥、抵触、否定。人们常说"人生如戏"，我们要把这个游戏设计得更好一点，而不是乏味、无趣、枯燥，"游戏设计不仅仅是一门技术性的技艺，它是21世纪的思维和领导方式：玩游戏也不仅仅是为了消遣，它是21世纪携手工作、实现真正变革的方式"。②

二、游戏让人疯狂

我们先来看个小故事。黄铁鹰教授在《海底捞你学不会》里提到他采访海底捞5店夏鹏飞时，夏鹏飞给他讲了麻将管理学，让他很震撼。"我们四川人都喜欢打麻将，我认为只要拿出一半打麻将的精神，我们各部门的配合就会无缝对接。我以前喜欢打麻将，现在没时间打了，但我经常想打麻将与我们的共同点。"

第一，其实打麻将包含了所有企业成功的精髓。任何工作都不能一个人单打独斗，要的是集体配合。比如你坐在我对面，你洗牌时，牌掉在我

① 简·麦戈尼格尔著，闫佳译：《游戏改变世界》，浙江人民出版社2012年。
② 同上。

脚下，谁捡？当然是我捡！因为早捡起来，早开局；早开局，我好早赚钱。所以打麻将，不管是谁掉了牌，都会有人尽快捡起来。"但是工作中，你做错了，凭什么我帮你？你弄丢了，肯定你捡，跟我有什么关系？可是海底捞是我们的家，一个人做错了，实际上跟大家都有关系，那么我们为什么不能用打麻将的精神来工作？"

第二，"打麻将的人从来不迟到，说好晚上8点，可是刚到7点，3个人就先到了。剩那个人在路上，这3个人一顿催，快点来，三缺一，那个人不敢说：急什么，不是8点吗？结果，平常舍不得打车，马上打个车跑过来，一看表才7点半。第一句话，肯定是：'不好意思，迟到了。'为什么说迟到了？因为别人都比他到得早。"

第三，说好的12点收局，没到12点，一定有人举手要求加班："实在不好意思，今晚输多了，再打一圈吧。"打了一圈就打一圈，你赢了别人输了，不打不好意思。所以，打麻将通宵达旦是常事。而且，第二天很少有人埋怨自己又"加了夜班"。

第四，我发现打麻将的人，从来不会抱怨工作环境。可是我们现在对生活和工作条件太挑剔，什么宿舍空调太吵呀，洗碗时油太多呀，上班好累呀。你有没有见过打麻将的说房子吊顶太矮、空调不够冷、桌子太脏的？

打麻将的人冬天捂着被子打，夏天光着膀子打；没桌子的把纸箱放倒，放上纸板就是麻将桌，洗脸盆垫上报纸就是凳子，麻将照样打得热火朝天，来一个兄弟说要请下馆子，4个人忙说改天。可是我们工作能做到吗？做不到，但是我们打麻将做到了。

第五，"还有一个我觉得神奇的地方，打麻将用手就能摸出是什么牌。九万、七万，六条、九条，多小的差别呀，居然能摸出来！为什么？因为打麻将的人用心了，用心学东西就能学进去，大不了慢一点，但是迟早能学会。我真佩服打麻将的人，那真叫用心感受"。想想看，如果我们用一半的心感受工作会怎么样？

第六，最后，我最佩服的就是打麻将的人，只从自己身上找原因。你没有看到打麻将输了钱的人说"哎呀，某某某，跟我打麻将简直是抢钱"？输了钱的只会说："我点好背。"上洗手间拼命洗手，回来后在点好的人身上摸一把，再用别人的打火机点上一支烟，狠狠抽一口，但永远不会抱怨别人。①

麻将就有如此的魅力，何况其他精心设计的游戏？

一款好的游戏，背后是一个顶级团队，有精美的视觉、音效、交互设计，才能让玩家沉浸其中。像英雄联盟这样的世界级游戏，那几乎是世界级高水平的心理学家、视觉专家、音效专家、体验专家合作完成的成果，所以才能让玩家有完美的体验。

我相信只要玩过游戏的人，都体验过游戏带来的一种忘记时间、吃饭、环境，甚至忘掉自己的状态，这种无比投入的状态，被积极心理学奠基人米哈里·契克森米哈赖称为心流。心流即一个人完全沉浸在某种活动中，无视其他事物存在的状态，这种体验本身带来莫大的喜悦，使人愿意付出巨大的代价。②

三、游戏为什么可以让人如此疯狂

简·麦戈尼格尔在《游戏改变世界》里说："抛开类型的差异和复杂的技术，所有的游戏都有4个决定性特征——目标、规则、反馈系统和自愿

---

① 黄铁鹰：《海底捞你学不会》，中信出版社2015年版。
② 米哈里·契克森米哈赖著，张定绮译：《心流》，中信出版社2017年版。

参与。"

第一，目标明确，指的是玩家努力达成的具体结果。任何一款游戏，都会有它所追求的目标，要么是分数，要么是打败对手，要么是拯救一个世界。大家在开始玩游戏时，都知道自己想要啥，很明确且很确定，这样大家就会为了实现明确的目标为之"奋斗"。就如同斗地主一样，你只要开始玩，你就知道自己是为了"赢"。

第二，规则清晰，即为玩家如何实现目标作出限制。对什么能做什么不能做、怎么做才能存活更久、在什么情况会面临死亡都有明确的界定，不遵守规则，游戏肯定很快就会结束，规则"推动玩家去探索未知的可能空间，释放玩家的创造力和策略性思维"。

而规则，也给大家公平的平台，让玩家感觉一切都是自己努力创造的成果。当我们坐下来打麻将时，首先大家一起决定到底是打北京麻将还是四川麻将，几乎玩任何游戏都会先确定一下规则。如果没有规则，任何游戏也玩不下去，不打起来才怪。

第三，及时反馈，即告诉玩家距离实现目标还有多远。游戏会通过积分、点数、排名、级别、进度等来给你及时的反馈，让你知道自己离目标的距离以及现在的能力状态，让你可以及时调整以达成目标，并给予面对挑战时也能继续玩下去的动力，不会给你迷茫和无望的感觉。

第四，自愿参与，即玩游戏的人都了解并愿意接受目标、规则和反馈。游戏是相对民主的，没有任何一种游戏是强制大家参加的，大家可以自愿参加或退出。

我们很多80年前后的人，小时候玩线下的小游戏时，大家都会问别人玩不玩，而不说你来玩你就必须遵守强制性规定。这种自愿参与的状态，能让玩家在面临高压挑战时也能保持愉悦的心情。没有任何一个人可以在压抑的状态下创造奇迹，因此有人断定金字塔不完全是由一群奴隶建造的。

这4个决定性的游戏特征，让我们能沉浸在游戏中，产生幸福感和积极的情绪体验，而且这种高强度的智力游戏还会给人一种自豪感。这就是游戏让人疯狂的原因所在。我想，讲到这里，大家应该能从中领悟到一些什么。游戏并非像我们想的那样糟糕、那样负面，游戏中存在的很多规则会给我们带来新的视角和可能性，我们是否可以从游戏中找到一些可供借鉴的管理规则呢？

四、游戏化管理

为什么游戏可以让人疯狂而工作不能呢？

前面提到的管理"靠悟"的现状，导致工作是模糊的，多问会挨批，不问干错也会挨批。关键是领导朝令夕改，自己制定规则而自己又破坏规则，许多组织常见的糟糕状态是没有规则或规则混乱不堪。

"干好干坏一个样"，管理者认为你干得好是应该的，加上很多管理者本来就不善于去肯定别人，批评、否定成为常态，而认可、鼓掌成为稀奇；管理者凭心情，心情好的时候还能表扬你一下，说一些"你不错"之类的言语，心情不好时你干得再好也会被视而不见。

传统管理的控制思想，让我们成为组织的"奴隶"，什么"我是一块砖，哪里需要哪里搬""生是企业的人，死是企业的鬼"等成为传统组织常见的话语。员工没有自主选择的权利，其想法和愿望很难被重视。

这些管理现状，就对应着目标不明确、规则不清晰、反馈不及时、被动工作。管理者糊里糊涂地管，员工糊里糊涂地干，看似都在忙，但却不出成效，因为大家都不专心，没有认真度、投入度和热情度。

那么我们是否可以用游戏来重塑组织，重塑我们的管理呢？

简·麦戈尼格尔在《游戏改变世界》的第一部分就指出：游戏化，是互联网时代的重要趋势，因为它可以提升人的幸福感和构建美好的现实社会。我想，游戏化也是管理的趋势，我们可以用游戏化的方式来建设组织能力，点燃团队热情，让工作更有趣。

▶ 小结问题

1. 你是如何看待游戏的？

2. 为啥游戏可以让人疯狂，而工作不能？

3. 如何用游戏的方式来革新工作或管理？

总　结

新人群呼唤新组织，新组织建立的基础是管理创新。而在带领企业进行变革的过程中，我发现只要方法得当，通过恰当设计的游戏思维进行管理创新是最有效的。

想要用游戏化的方式来重塑组织管理，对我们大多数传统组织或管理者来说都是一个极大的挑战，一是因为我们的思维局限性，二是因为传统的组织模式让我们已经不自觉地适应了以前，三是因为我们的文化深层信念对游戏是有偏见的。因此，我们在进行游戏化管理实践时，首先需要进行思维变革，其次需要进行组织文化变革，再次需要进行组织架构变革，并且对制度和人才结构进行优化。

新的思维，不守旧的组织文化，敏捷性较强的组织架构，敏捷的制度流程，以及合适的人才结构，是我们游戏化管理变革实现的保障和前提。下一部分，我们重点探讨思维变革、组织文化进化、组织架构变革、制度流程优化、人才结构优化。

第三部分

游戏化思维引领管理变革的根基

导　读

先来思考几个问题：

1. 面对变革的三大悖论，如何解决？

2. 如何进行组织文化进化，以确保不被文化所束缚？

3. 如何进行组织架构变革，以更好地支撑组织能力建设？

4. 如何进行制度流程优化，为组织变革打下根基？

5. 如何进行人才结构优化，确保人才梯队能推动管理变革？

　　管理的创新，是不会自然发生的。游戏化管理变革，很多时候会挑战我们传统的管理规则和管理假设，它需要通过思维变革、组织文化进化、组织架构变革、制度流程优化和人才结构优化打造一个良好的变革环境，才能最终得以实现。

　　没有这5点变革，我们依然墨守固化的思维、沿用先前的文化理念、保持旧有的组织架构、坚持传统的制度流程，以及用一些思维老化的管理干部，那么这个组织任何管理变革都会变成难题。

第十章　思维变革

组织发展经历创业期、成长期、成熟期、衰败期、二次创业期等过程，不断在变革中与自己作斗争。变革是伴随组织发展终生的话题，当组织不变时，其实也就是组织开始衰败的时候。组织的发展，就是不断结合时代情境、市场更迭以及技术变革进行变革的过程，没有任何一个组织可以在停滞中仍然保持长盛不衰。

工业时代，技术更新相对较慢，市场相对稳定，组织相对安全，变革相对较慢，你可以把以往的固化经验不断延续，我们的思维可以长期保持不变。如今的互联网时代，技术迭代加速，市场激烈动荡，组织充满危机，变革加速。

随着科技的发展，互联网成为基础支柱产业，各种技术迭代更新，物联网、O2O、云计算、人工智能、虚拟现实等不断出现，从形式和本质上都在改变着组织的生存环境，也引发了市场的变革和消费行为的变革。很显然，在如此波澜起伏的大环境下，如果组织仍然固守工业时代的操作理念，甚至还在坚守农业时代的操作理念，那么组织灭亡是必然的。只有推动组织变革，让组织在大变革的环境下产生适应性，组织才能稳步发展和维持。"昨天的你是错的"这样的表达，似乎在今天更加成立。

第一部分论述了传统管理的问题，让我们明白员工敬业度不高的祸根是管理的问题。第二部分论述了管理的未来，让我们明白在新的互联网时代管理的方向。这些内容都旨在让我们打破思维的局限性，进行思维变革，提升对管理的认知，进而推动组织变革。可以说，思维变革是一切变革的基础。

但在思维变革中存在三大困境，它会阻碍变革，使我们的组织变革很难生效。

一、思维变革的三大困境

很多时候不是组织不想变，而是变革基本以失败告终，不得不含泪面对组织的癌变。组织面临的最大挑战是，不变等死，乱变找死。因为在组织变革中，必然面临以下几个困境。

（一）变革悖论

组织随着成长发展，业绩增长明显，客户好评指数较高，市场认可率较高。看着财务报表逐步攀升的势头，组织开始沉浸在喜悦中。因为有了一定的市场地位，当年艰苦的创业历程就被抛在脑后，组织整体开始寻找存在感，以释放多年的压抑，如下现象逐渐出现。

- 老板和高管开始四处指点江山，这时一些江湖小弟逐渐找上门来，各种美慕和夸耀，让组织高层逐渐找不到北。
- 整体浮现傲慢情绪，否定变革语言增多，排斥变革思维产生，已经听不进反思的话语，无意识中希望听到更多的奉承话语。
- 成天拿业绩说话，甚至四处标榜自己的业绩，对逐步增长的财务数据评估过于乐观，失去了对组织运营本质的关注。
- 组织核心成员，开始看不起一些不如自己的组织，拿自己的优点跟别人的缺点比。

- 创业元老开始出现成就性傲慢，躺在功劳簿上坐享其成，奋斗精神缺失。
- 官僚作风渐起，管理层开始追求享乐，谈论的话题不再是如何推动组织发展，而是如何享受生活。同时，要求别人做的事情自己却不做，追求权威的安逸和逍遥法外。

…………

这些现象，就像组织的癌变一样，稍不留神就会在组织整体蔓延，如果变革力度不够，组织就面临生死的抉择。组织变革就是要革自己的命，革掉上面出现的这些癌变现象。然而实际运作中，组织的核心成员既是革命者又是被革命者，面临利益受损和经受痛苦，很多人为保眼前既得利益和贪图安逸，就放弃了变革，甚至排斥和抵触变革。

很多人觉得变革要么使自己难受，要么会损害自己的既得利益，因此他们不但不带头变革，往往还会阻碍变革，最终让组织的变革流产。

变革，如今成为很多人都在谈论的话题，但大多是伪变革，很多人都希望别人变，自己不变。尤其是组织高层，他们往往把自己排除在变革之外，自己依然享受权力带来的特殊待遇——固守过往。就像很多组织明明是老板的问题，但老板不学习不进步，反而送下面的人出去学习，这就像有人形容的：老板病了却指望给员工吃药来治好自己的病。

这就是变革的悖论，这关过不了，任何变革必以失败收场。变革一定要从企业高层自身变革开始，变革需要企业老板带着高层先进行自我变革，任何自己不变而强求员工变革的"变革"都是伪变革，是不可能成功的。

（二）习惯性否定

就像在第一部分讲到的，面对互联网时代变革的大潮，很多人成为"难民"，他们不是试图去理解、接受和适应，而是排斥、拒绝和否定。

面对新事物，越是成功的人、越是年龄大的人越难以接受，过去越是成功的企业也越难以接受，这是因为我们每个人和企业都存在一个困境：习惯性否定。

当遇到跟我们经验和认知不一致的新事物时，为了所谓的面子、尊严或地位，没人会承认自己不懂或不会，要么不懂装懂，要么直接否定。这样做，都属于维护自己的自恋。

人有三大动力：性、攻击性、自恋[1]。自恋是人性深处的动力需求，新事物我们必然不懂不会，它会破除掉我们的自恋，让我们很不舒服。当然，还有一种情况是，我们习惯性否定别人或新事物，是为了让自己的失败合理化。

人人都有可能遭遇失败，尤其面对新时代、新事物、新环境时，为了让自己不至于那么差，那就通过否定让自己爽一点儿。组织也一样，尤其是成功的组织，如果缺少自我批判的文化，就会陷入傲慢和自以为是的浮躁状态，组织高层因此不再积极进取，而是极力捍卫自己的地位和权力，就容易对新事物进行习惯性的否定，因为这样才能彰显他们过去的成功，而组织变革恰恰就是要高层承认自己的不足，否定自己过去的成功而不是新事物。

一个尚在创业期的企业，还没解决生存问题，也没有市场地位，管

---

[1] 借用武治红的说法，他提出人有三大动力：性、攻击性、自恋。

理层不敢懈怠。在进入成长期后，企业取得相应的成就，跟自己比似乎取得了不错的成绩。这个时候，创业元老和管理层，相应地会出现成就性傲慢、地位性懈怠和权力性放纵，以自己取得的成绩来掩盖自己的缺陷和不足，产生将功补过的心态。

这个时期，你发现组织弥漫着一股自大的气息，互相不买账，互相看不上，以胜者自居发展到以自我为中心，对别人的批评和建议直接否定，或者用更多的理由和借口来搪塞自己的问题。这也是科特所强调的自满情绪，他说："迄今为止，组织在推动变革的过程中所犯的最大的错误就是，没有在其管理者和员工当中建立起足够的紧迫感。这个错误是致命的，因为当人们的自满情绪高涨时，组织转型很难达成目标。"[①]

一个组织一旦陷入习惯性否定状态——成就性傲慢、地位性懈怠和权力性放纵这三种组织毒瘤的极端体现，任何变革都将被拒之门外，强推的变革也只会是表面文章罢了。

（三）思维屏蔽

思维方式的形成受三方面的影响：学习、经历、实践。这三点就是你的眼界。你学习的东西，无论文学、历史、地理、物理、生物、数学等都会形成你思维的基础；你成长过程中的经历也会形成你思维的情境，如"一朝被蛇咬，十年怕井绳"；而具体的某一项实践会影响你的思维角度，如左撇子跟正常人思维就会有差异。

思维方式会形成你的信念、价值观、动机。这三点是构成你态度的重要因素。而态度会影响行为，行为会影响结果。由此可以看到，思维对我

---

① 约翰P·科特著，徐中译：《领导变革》，机械工业出版社2016年版。

们的影响是相当大的。

但有一个严重的问题，即我们的思维是在长时间的成长经验中形成的，它具有屏蔽性，一旦形成，如果不刻意学习，新事物就难以进入，新的思维方式就难以形成。我们不断地在成长中形成思维，但同时又会被思维所限。

身边经常遇到这样的人，就是他的思维模式10年都不变，老年人这个特征最明显。一些中青年虽然年龄不大，但思维却固化得跟老年人一样。那些人在不断回忆过去，或强调过去有多成功多厉害时，他们的思维其实已经固化。

组织文化就是由组织生存结构形成的组织思维方式，最终形成企业的思维遮蔽性。这个生存结构基本由组织所处的市场、业务模式、技术实力、人才梯队等要素构成，每个组织都因此有自己的独特性，正因为如此，每个组织都会形成自己独特的思维方式。

企业从创业到成长期，思维方式基本固定，组织文化也就基本固化，由此会形成极大的屏蔽性，使得企业从自己的思维视角看问题，自己看自己永远都是对的，无法发现自己存在的问题，也容易产生排他性思维。

这个时期，企业的成员就容易产生偏见，自己视角以外的思维就会难以接受，甚至不屑一顾。而变革，往往来自企业视角以外，而非自己视角本身，那么企业形成的狭隘偏见就会让变革像妖魔一样被躲避或排挤。

二、三种倒逼克服思维变革困境

组织要进行变革，就要先进行思维变革，但思维变革中我们又会遇到变革悖论、习惯性否定、思维屏蔽这三个困境，那怎么办？

这三个困境或者叫障碍不打破，变革就会成为空谈。

不变等死，变了有活的机会！人们往往想自我主动变革，但这是很难的，那就要通过外界的力量推动变革。大家都喜欢用一个比喻来形容主动变革的意义，鸡蛋从内部打破是生命，从外部打破是鸡蛋。很多人都喜欢用，但实际上这个道理只是听起来很有道理，真正落实到实际就等于一句空话。

就像我们都爱说的，我们知道很多道理却过不好一生。为什么？要么就是道理没真懂，要么就是真懂了没行动。优秀人才，往往不是自生自长的，他们需要通过好的环境和制度推动才能出现。当然，这个世界绝对也有不少靠自驱力成为优秀人才的，但这是少数。

因此在推动组织变革时，高管要率先变革；而他们首先需要通过以下三种力量，来完成思维变革和行动变革，最终才能真正推动整个组织变革。

（一）用客户倒逼企业

企业就像一个鸡蛋，你万不可指望从内部去打破，往往不但成不了生命，还会成为一个臭鸡蛋。企业越大，管理层越容易抵制和抗拒变革，这几乎是一种常识性的状态，很少有企业能逃出这样的魔咒。

怎么办？不要指望从内部推动企业变革，我们换个角度，从外部来推动，鸡蛋既要从外部打破，还要打出生命来，这个力量就是客户。我们把一切考核和目的聚焦在客户是否满意、客户是否享受高性价比的产品和服务，那么很多事情就变简单了。

这就是华为的核心价值观即"以客户为中心"的缘由所在。华为指出："我们要建立一系列以客户为中心、以生存为底线的管理体系，而不是依赖于企业家个人的决策制度。这个管理体系在进行规范运作的时候，企业之魂就不再是企业家，而变成了客户需求。牢记客户永远是企业之魂。"①华为以此杜绝企业变大后形成自我中心，这为组织变革找到了本质的力量所在。

用这种客户视角来看问题，来推动变革，就能让内部很多借口、理由、阻碍暴露出来，打破组织的自我主义，进而为推动变革打下基础。

（二）用员工倒逼管理

如果站在管理层的角度来推动组织变革，那永远都是在要求别人变，他们不可能给自己找不舒服，因为人的惰性是很难自我克服的。管理者拥有地位、权力、资源、信息和话语权，他们本来就是强势群体，让他们自己推动自己变，几乎不可能。

只有切换视角，由以管理者为中心改变为以员工为中心，借用外力，打破管理层自身这种官僚作风，让管理者真正回归到管理的实质——创造价值上来，就是他们是否真正为他们管理的团队创造价值，有没有带领团队高效地取得成果。这里有一个很重要的指标，就是员工满意度。你管理得好不好，有没有成效不是你说了算，而是你所领导的团队伙伴说了算。

取消传统的汇报和述职，管理工作做得怎么样不仅让管理层自己说，更要让员工说，用员工的满意度来说，那么组织就能听到真实的声音，为引发组织变革收集正确的信息，也为变革落地提供护航和保障。

在我所在的企业，员工对管理不满意可以直接投诉管理者，如果投诉成立公司会给予相应的奖励，并保护这些投诉的员工。我们在制度里明确规定，"投诉、举报人员进入公司保护名录，若要离职需经公司批准后方可离职"，这就是在为推动管理变革打下基础。

---

① 黄卫伟：《以客户为中心——华为公司业务管理纲要》，中信出版社2016年版。

也正是这样的投诉机制，使很多不务实、不履行职责的管理者暴露出来，净化了管理风气，让管理者真正聚焦价值创造，而不是为自己谋好处。

（三）用质量倒逼企业

管理者是一个充满创造性的工作，他们到底工作得如何，你是无法通过表象看出来的。

而管理者也是一个最能自我吹捧的群体，干得好时会讲功劳——你看这结果多好，干得不好时会讲苦劳——你看我多不容易。更有甚者，他们会通过加班，或者通过不断地增加管理活动，来证明自己是努力的，如果不好或出现问题，只不过是外界的问题罢了。这种思想是相当有害的，当企业被这种状态绑架时，基本也就失去了活力。

可怕的是职能部门的伪勤奋。职能部门为了证明自己的价值，站在自己部门的立场，不断增加一些毫无价值的管理活动，以此约束一线，有时不但不能起到好的作用，反而会成为一线工作的桎梏。他们越勤奋，对组织活力的破坏越大，唯有用质量来衡量他们的工作才能避免用低效的伪勤奋来充数。

因此，企业必须以质量为导向，不断除掉形式主义作风，消灭伪勤奋，才能真正推动变革。

这种现象，在我所在的企业变革过程中也存在，你说要变革时，管理层就会通过苦劳、伪勤奋来让自己不变或延迟变化。为此，我们制定了企业的《基本干法》，作为企业发展的行动纲领，其中明确指出"杜绝伪勤奋，减少低水平重复性工作，以高效和高质量的工作成绩作为评判价值的唯一标准，不讲苦劳"，并且将所有的考核都聚焦在价值创造上。

除了通过这三种倒逼推动企业管理层进行思维和行动上的变革，我们也需要通过以下变革的步骤，让大家在思维上达成共识，为组织变革打下基础。

- 厘清变革的意义和目标，不能为变而变；

- 跟利益相关方共同认识变革带来的好处与弊病；

- 集思广益，让大家充分表达自己的观点，充分听取各级成员的意见，避免强压；

- 充分的培训、沟通，让大家对变革有深入的认知和理解，避免停留在表面，要理解变革的本质。

▶ 小结问题

1. 你的组织是否存在三大变革悖论？

2. 你是如何解决变革悖论的？

3. 如何用倒逼的方式来解决变革悖论？

第十一章　组织文化进化

一、多种多样的组织文化

在解决了变革的悖论后，组织整体需要不断进行文化进化，让组织文化能真正成为变革的推动力，为变革提供良好的组织氛围。组织文化是整个组织的思维方式，如果组织整体思维没有改变，就不能形成组织变革的合力，没法提供好的变革土壤。

然而，人们对组织文化的理解多种多样，有人认为很虚，有人认为很实，很难琢磨到它的本质。因为它的模糊性和含糊性，导致误解连连。

谁要说你的企业没文化，这就要引起反思，一个没文化的企业是很难走长远的。哪怕是创业企业，它可以没有管理，但一定不能没有文化。这里的"没文化"不是真没文化，只是你的组织文化是散乱或混乱的，没有形成组织合力。

其实任何一个组织，只要经历一段时间的发展都会形成自己独特的文化，正如沙因所讲："任何一个拥有共同经历的社会单位，都将形成某种文化，文化的强弱取决于它存在的时长、团队成员的稳定性和他们的实际经历过的情绪的强度。"[1]

很多组织的"文化"是这么来的，东拼西凑，例如把世界500强企业的组织文化条目抄来变成自己的，甚至连人家为啥形成这样的文化都没

---

[1] 埃德加·沙因著，马红宇等译：《组织文化与领导力》，中国人民大学出版社2011年版。

搞清楚，觉得好就抄过来用了，他们心里假设：500强企业的文化一定是好的。

这还好，能抄就证明已经意识到了文化的重要性。更可怕的是很多企业觉得组织文化就是一堆虚头巴脑的东西，对治理企业根本就没有用处，因此他们排斥组织文化，这也形成一种伪文化。

然而，最糟糕的莫过于国内一些组织把传统文化往现代企业治理上硬套，比如孝、忠等。传统文化具有它的历史背景、时代情境，我们可以继承发扬，可以借鉴，但一定要结合组织的特性进行转换，绝对不能生搬硬套。

如果把一些伪经典往现代企业治理上套，就更可怕了，国内一些培训机构动不动让企业学习《弟子规》《了凡四训》等传统经典，这就很容易让组织文化变得糟糕透顶。[1]

组织文化，其一般的定义是："企业文化，或称组织文化（Corporate Culture 或 Organizational Culture），是一个组织由其价值观、信念、仪式、符号、处事方式等组成的特有的文化形象，简单而言，就是企业在日常运行中所表现出的各个方面。"组织文化理论之父沙因的定义是："在解决组织的外部适应和内部整合问题的过程中，基于团体习得的共享的基本假设的一套模式，这套模式运行良好，非常有效，因此，它被作为对相关问题的正确认识、思维和情感方式授予新来者。"[2]

我把组织文化简单定义为：组织文化是组织一切管理活动的根基，是

---

[1] 参考第一章《传统管理之痛》第一节"尴尬的管理——20年目睹之管理怪现状"里讲的国学派。

[2] 埃德加·沙因著，马红宇等译：《组织文化与领导力》，中国人民大学出版社2011年版。

组织的根本思维方式，是组织的基因，是组织关于一切组织经营管理活动的假设。其实，组织文化没有那么神秘，也没那么复杂，它就是组织的思维方式，是组织运作的基本假设，所有的组织经营活动都由组织假设外显出来。

组织文化的源头是老板思维，尤其是在国内，有时老板文化就等同于组织文化。老板信佛，组织就会具有浓浓的佛教文化色彩；老板迷信，组织就具有浓浓的封建文化色彩；老板很自我，组织就具有浓浓的牛哄哄文化色彩。

老板思维会逐渐构成组织的愿景、使命、价值观、目标等理念体系，其会影响到企业的流程制度建设，而流程制度建设又会形成企业对外的形象和对内的氛围，企业形象和组织氛围最终又会影响文化理念迭代更新。这一系列的活动构成组织的文化。组织的文化理念是基础，是灵魂，制度是文化的一种延伸，企业外在的特性是文化的一种彰显。

组织文化会体现在组织的方方面面，它不是几句口号或标语。

组织文化由精神文化、制度文化、行为文化、物质文化等组成。精神文化是组织的基本理念，包含愿景、价值观、使命、企训等，是企业运行思考的基本出发点；制度文化是企业的制度流程，如奖罚、晋升、考核等，是企业成员干什么及如何干的规范；行为文化是企业日常行为、礼仪等，是企业成员的行为展现；物质文化是企业的形象、环境、事迹的展示，是所有企业外在的表象物质特征。

二、关于组织文化的两个"不等于"

解读完组织文化的基本定义后，需要澄清两个问题：一是组织文化不等于老板文化；二是组织文化不等于概念。

（一）组织文化不等于老板文化

很多人把组织文化等同于老板文化，包括一些学者都这样解读。

这是传统工业时代、老板一人独大时可以讲得通的观点。因为企业就是老板自己的私属物品，就像一辆私车一样，所以在组织运营中什么都是老板说了算。这个时代组织文化当然等同于老板文化。

今天是互联网时代，合伙人制正成为主流，组织文化一定不再是老板文化，它是企业家和合伙团队对企业发展的系统思考及过去经验沉淀的综合结果，是一套价值理念系统，是企业的系统思维方式，是团队对组织运营、发展的共识性假设，能指导整个企业的经营管理行为。

对于现代企业来说，如果老板个人对组织文化的影响过于强烈，甚至老板把个人的喜好、特征往组织上转移或嫁接，都是一种不健康的组织运作模式。有人会说："马云不就是将个人对武侠文化的喜好嫁接在组织上吗？因此阿里巴巴的会议室用武侠地名命名或企业高层用武侠化名，这都是马云个人嫁接武侠文化的体现呀！"但大家别忽略了，不是嫁接就一定错，关键要看谁嫁接，能不能与现代企业治理很好地融合，很多老板一不小心就嫁接偏了或嫁接歪了。

今天，企业老板仍然把自己的价值理念强加于团队，把自己的思考等同组织文化，去指导整个企业的发展，那是很危险的一件事情。在这个多变的时代，处处充满了不确定性，如何发挥集体智慧，就成为企业家最大的考验。组织文化也将变得多元，而不是单一，任何单一封闭的文化都是企业危机的先兆。

当然，组织文化的源头是企业家自身。一个企业的老板如果没有把企业运营的相关问题弄明白，那么形成的组织文化也将制约企业的发展。比如，老板喜欢越级管理，企业就会形成"屁股朝向客户"的文化；老板事无巨细，企业就会形成人浮于事不作为的文化；老板朝令夕改，企业就会形成无原则、随意性的文化。

在企业梳理文化，进行文化建设中，必须进行批判与自我批判，把过去好的经验传承，把劣质的经验剔除，同时对未来进行充分的深度思考。老板必须带头，对自己的价值理念进行系统的梳理，回答清楚以下问题：

- 企业向何处去？
- 企业存在的价值和意义是什么？
- 如何看待客户？
- 如何看待员工？
- 如何看待管理？
- 如何看待产品？
- 如何看待服务？
- 如何看待利益？
- 企业的底线是什么？

（二）组织文化不等于概念

很多企业在文化建设中，东拼西凑，照搬一些概念和流行的话语，如：客户是上帝，员工第一、客户第二、股东第三。还有的企业，把别人的文化模仿过来，比如：抄袭海底捞的双手改变命运，抄袭华为的以奋斗者为本。

学习和模仿本来没有问题，如果说你的企业团队根本没有这样的基因，或者没有想明白话语背后的逻辑，或者完全没有行动支撑，那么这些抄来的东西就会成为时髦而无用的概念。表面上的概念，与团队的内在假设不一致，往往就会导致整个组织显得很拧巴。

就像一些老板宣扬自己做企业就是为了更大的使命和目标，就是为了给客户提供更好的产品和服务，但在行动上他们不愿意投入研发，不愿意投入人才梯队建设。有的组织到处张贴"客户是上帝"的标语，但当客户真正有问题时他们往往想尽一切办法不让自己吃亏。

这些拧巴的组织，就像一个拧巴的人一样，显得很难看。组织文化是组织的内在假设，并非表面上那些好看的概念和花哨的标语，它需要通过组织行动体现出来。你说什么不重要，你做什么才是真正的文化。

文化不等于概念。再好的概念，如果没有行动支撑，都会成为最大的谎言。组织文化建设，必须根植于企业内部，找到符合自己企业的价值理念体系，挖掘组织内部共享和共识的假设，并通过行动扩散。

搞一堆概念，再让大家去背，这是特别愚蠢的行为。而很多企业，在组织文化建设上，都是通过背诵来完成的。文化建设靠行动，而不是背诵。真正的组织文化，是不言自明的，它一定会体现在组织成员的言行举止和待人接物上。

（三）组织文化进化

组织文化，就是在一个企业的生存结构中形成的思维方式，最终又形成企业的遮蔽效应。就是说，当你的文化一旦强化和固定下来，就会具有排他性和遮蔽性，而这会导致企业无法适应变化，最终面临生存危机。

组织文化随着企业进入成长期，很多价值观和理念慢慢固化，一些潜规则或文化纲领，会直接影响着大家的决策和行动。

组织文化看似是虚的，实际它是实的。它是企业的一套思维系统，具有极强的排他性和封闭性，成也文化败也文化，创业期的一些观念如果不及时更新直接进入成长期那么就会让企业碰壁。组织在每个成长阶段需要的组织文化是有区别的，组织文化不是固定不变的。

组织文化一旦固化下来，就等于固化了企业的认知，自以为逻辑自洽的东西，必定存在某些逻辑漏洞。像生物进化一样，组织的文化也得进化，就是根据环境和市场的变化，根据人群结构的特征，根据组织发展的阶段，做出相应的调整。

总之，组织不能将过去成功的假设用在接下来的组织发展中，组织内部关于组织发展的假设必须结合组织发展进行迭代升级。

一个优秀的组织一定要像生物一样，不断自我进化。生物学上的进化给我们组织文化进化提供了很好的参照。在生物学上"进化"的意思是发展，这个词被用来描述所有生物随时间推移而变化的现象，其理论有三个主要部分：第一是变异，所有生物的大小、形状、颜色和力量都不同，世界没有任何两只动物或两棵植物完全相同；第二是适应，适应会影响生物能否继续生存和繁殖；第三是遗传，帮助生物生存的适应性如颜色和形状，可能会遗传给后代。正是这种进化，使今天的地球上有了几百万种不同的动植物。[①]

组织也一样，要变异，没有任何两个组织是相同的，这就提醒我们不要刻意地模仿谁，同时不能固化过去的组织模式，你必须结合你的组织特性及时代情境不断进化；要适应，只有不断地适应环境，才能得以发展和延续，这就提醒我们要打造具备极强的适应性组织；要遗传，把具备极强适应性的一些发展经验遗传给下一代经营者。

[①] 查理·达尔文著，钱逊译：《物种起源》，江苏人民出版社2011年版。

要做到变异、适应、遗传，就需要组织不断进行文化进化，生物进化靠基因，而组织进化靠文化，组织文化就是组织发展的基因。

组织文化要进化，需要不断进行更新迭代，这就需要组织具有极强的自省能力、自我批判能力、接受质疑的能力。

1. 组织自省

人需要自省，时刻反省自身问题，才能让我们不犯大错。企业也如此，尤其在一片叫好声中更需要反省企业的行为，因为这时最容易傲慢、浮躁、不务实。

成长期的企业是最容易被叫好的，像一匹黑马一样搅动市场，让人刮目相看，往往使企业自我认知不清，把认可当实力，把赞誉当资本，不时翘起尾巴，失去敬畏心。

自省的前提是发现问题和缺陷，收集顾客和员工的不满意点是组织自省的第一步，也就是收集差错信息。很多时候，我们自大，是因为我们不知道出了问题或者不知道问题的严重性。让差错信息充分流通起来，就会引发组织的觉醒。

第二步就是对差错信息进行处理。差错是制度导致的，要优化制度；差错是人员技能问题导致的，要培训技能；差错是人员态度问题导致的，要强化考核；差错是文化理念导致的，要优化文化理念。

第三步就是形成企业案例库。让那些曾经的失误和问题时刻警醒我们。

2. 自我批判

每一次问题的出现，都非偶然，通过自我批判及早发现问题并解决问题，甚至可以把问题解决在萌芽状态。

我们不能被动地等别人批判时再后知后觉，更糟糕的是别人批判时还不接受。如今有很多企业，当别人不断质疑和批评时，他们依然在捍卫自己的荣誉和面子，不停地辩驳、解释和掩盖。当别人批判时还没有危机意识，那基本就是自寻死路。

只有主动、自觉自发地进行组织的自我批判，才能真正推动组织文化进化。

在自我批判上华为做得相当不错，而且自我批判也是华为文化的重要组成部分。任正非在《华为的冬天》里讲："我们一定要推行以自我批判为中心的组织改造和优化活动。自我批判不是为了批判而批判，也不是为了全面否定而批判，而是为了优化和建设而批判。总的目标是提升公司的整体竞争力。"他还在《管理工作要点》中明确指出："自我批判是掘松管理土壤，使优良管理扎根生长的好方法。"华为在自我批判上的几项原则值得我们借鉴：第一条是不搞人人过关，不发动群众；第二条是要多作自我批判，不要批判别人；第三条是强调一个"真"字，要实事求是；第四条是不无限上纲、无情打击，把握尺度；第五条是善意与建设性是大前提。

通过自我批判来建立当事人思维，凡事找自己的问题，向内寻求突破，这不但有利于企业解决问题，而且有利于团队的成长。差的企业，一定是法官思维，都是在找别人的问题，审判别人，把指头指向别人，以此来合理化自己的问题和失误。

通过自我批判，打掉法官思维，建立起当事人思维，即凡事找自己的问题，能在企业形成良性的文化；同时，能堵掉一些组织黑洞，让问题浮现出来。

3. 接受质疑

一言堂的企业，必定无法高效，也无法进化。创业期可以，成长期要坚决杜绝一言堂。

在今天这个时代，任何个人的力量都无法企及团队，让企业内部形成充分表达观点的氛围，就是集合众智，打破一言堂。这也是建立多元文化的基础，能让组织更开放。文化的进化就是要打破已经固化的企业认知，人人称好只能强化原有的认知，而质疑才能打破这种固化认知。

形成"质疑文化"可以从以下几点入手：

一是以身作则：管理者带头质疑自己和上级，敢讲、敢干，不端不装，让团队看到榜样。一个爱装的领导，是很难让团队形成"质疑文化"的，只能让团队形成官僚文化。

二是修炼格局：敢让别人质疑自己，这是需要格局的，小心眼儿的人是没法接受别人挑战的，别人稍有异议他就会急眼。怎么修炼呢？首先，要每日反省，不断调整自己的心态；其次，要敢于当着员工的面认错，别把面子当回事儿，里子（内涵）才重要。

三是能干会玩：平日里如果只是工作，大家不免有隔阂，不免有所顾忌，面子、人情等会阻碍一个人真实的表达，也会让一些领导无法走下"神坛"。因此，除了能干外，还要让大家会玩，在玩中修炼一些领导，让其无法装，在玩中消除大家的隔阂和芥蒂。

四是制度建设：关键还是要有制度建设，通过制度将"质疑"形成组织习惯，重奖敢于质疑的人，并制度化地营造质疑的氛围。比如：一般企业开会，都是领导先讲，如果想让会议更有效，那可以在领导讲完后开放质疑时间，让大家就领导的言行进行质疑，由此改变一言堂的局面。把这个写进企业的会议流程中，通过制度改变领导一人独大的局面。

五是激励导向：激励团队发表意见，而不是打击异见者。通过激励措施引导大家发表意见，完善管理者的认识和思考，避免个人局限和自我倾向。

▶ 小结问题

1. 什么是组织文化及组织文化进化?

2. 组织文化进化的意义是什么?

3. 如何更好地让组织文化得到进化?

第十二章　组织架构变革

企业随着不断成长，战略相应地要进行调整，原有的操作模式要进行变革。这个时期的变革就是组织最大的战略。

然而组织要变革成功，必须进行组织架构的变革，组织的架构要能支撑战略的落地执行。在组织发展中，"大企业病"在此时会逐步出现，常出现的问题就是组织人数增加，组织功能增强，部门增多，但效率反而下降，只有通过组织架构调整，才能真正防止组织随着发展而管理失效。

实际上，组织越发展，组织架构越复杂僵化，越固守不前。管理层认为这样就能抵御风险或灾难，岂不知僵化的组织架构本身就成为组织灾难的制造者。

组织要保持活力，就要保持组织的生命力。我们看看生命系统的特性，就是变化。系统科学家埃里克·詹奇说，生命系统是永不停歇的组织结构，它在不断地进行自我革新。"对变化进行思考时，我们发现了一个有趣的悖论：一方面生命系统创造出自己，另一方面它将适时地改变自己以保持生存；当有机体感到变化是保持自己生存的唯一途径时，变化就将旋即发生。"[1]组织要保持生命活力，就要像生命系统一样不断适应环境进行变化，也就是组织架构必须基于组织能力要求进行不断调整。

在今天这个时代，组织必须保持敏捷性，要能灵活应变，以更好地认知客户和时代环境。通过组织架构设计来打造组织能力，一个良好的组织

---

① 玛格丽特·惠特利著，简学译：《领导力与新科学》，浙江人民出版社2016年版。

架构能很好地构建组织能力，而一个糟糕的组织架构会制约组织能力建设。

一、组织须打造的四项能力

杨国安和戴维·尤里奇在《革新组织》里提出："你应该清晰认知打造外部环境感知、客户至上、创新和敏捷灵活这四大关键能力的组织设计选择。"[1]基于我所在企业在组织变革过程中的实践，以及我对组织变革的研究，认为组织要通过组织架构的调整打造以下几项能力：感知客户、感知员工、组织活力、组织进化四项能力。

（一）感知客户

组织因为客户创造价值而存在，随着时代变革，组织能够敏锐地感知到客户的显性和潜在需求，不断为客户提供他们所需要的产品和服务，甚至"创造客户"——创新性地为客户提供他们原来想象不到的需求。这是新时代组织通过架构设置要打造的第一个能力，这是组织之所以存在的根本和源头。如果一个组织不能很好地感知客户，甚至高层都远离客户，客户的信息和需求根本不能真实到达组织高层，那是非常危险的，而传统科层式官僚组织就是这样的状况。今天很多组织依然以自我为中心，无视客户的需求和满意度，依然我行我素，把守旧当传承，把固化当坚守，逐渐流失客户，最终成为新时代下的濒危物种。

（二）感知员工

组织成功的背后都是由一批优秀的员工创造出来的，组织只有敏锐地

---

① 杨国安，戴维·尤里奇著，袁品涵译：《组织革新》，中信出版社2019年版。

感知员工的变化和需求，不断通过结构调整和设置了解大家的真实状态，并为他们提供好的发展空间和平台，才能确保组织能更好地为客户创造价值。无法了解员工的真实需求，管理层以自我为中心，用牛气哄哄、自以为是等官僚作风站在指挥链的顶层做决策，往往无法做到上下同欲，无法形成组织合力和组织战斗力。很遗憾，传统科层式官僚组织就是这样的状况。当组织内部员工的心声无法畅通无阻地流通时，就会产生组织的动脉硬化，员工的创造力和积极性就难以发挥，员工与组织之间只会形成简单的雇佣与被雇佣的关系，自然就无法真正去为客户创造价值。

（三）组织活力

让信息充分流动，让大家看到希望的同时充满战斗力，让团队真实的想法和声音能在组织内得到尊重和表达，使整个组织充满创造力，员工都竭尽自己的能力和努力去创造价值，这样的组织才能充满活力。这样充满活力的组织才能真正谈得上感知客户和员工，才能不断适应时代环境的变化。一个死气沉沉的组织是无法感知客户和员工的，传统科层式官僚组织就是一个很容易把组织搞得死气沉沉的组织。

（四）组织自我进化

前面这三项能力都具备，但依然无法确保组织成功，组织还需要具备不断的自我进化的能力。在文化上、制度上、流程上、客户上、员工管理上不断创新，并通过组织内在和外在的力量推动组织迭代升级，打破组织定势、组织思维惯性、组织堕怠，使组织不断进化，这样组织才能持续成功。

二、组织架构调整须遵循的原则

在构建感知客户、感知员工、组织活力、组织进化四大关键组织能力的组织架构时，我们要遵循以下三个基本原则。

（一）合理增员

随着业务增长，企业会通过增员来应付业务发展。这时最容易出现的就是官僚化，一些元老级管理者开始通过雇佣更多的人来分解自己的工作，而自己却"游手好闲"，导致人员结构臃肿。而这些雇佣者，大多能力较低，也就是"奥格威定律"突显。

美国知奥格威·马瑟公司总裁奥格威召开了一次董事会，在会议桌上，每个与会的董事面前都摆放了一个相同的玩具娃娃。董事们面面相觑，不知何故。奥格威说："大家打开看看吧，那就是你们自己！"于是，他们一一把娃娃打开来看，结果出现的是：大娃娃里有个中娃娃，中娃娃里有个小娃娃。他们继续打开，里面的娃娃一个比一个小。最后，当他们打开最里面的玩具娃娃时，看到了一张奥格威题了字的小纸条。纸条上写的是："如果你经常雇用比你弱小的人，将来我们就会变成矮人国，变成一家侏儒公司。相反，如果你每次都雇用比你高大的人，日后我们必定成为一家巨人公司。"这就是有名的"奥格威定律"。

合理增员，在组织层级中减掉没有必要的人，防止两个人的活三个人干。任正非曾讲："三个人拿四个人的钱，干五个人的活，就是我们未来的期望。这样改变以后，华为将一枝独秀。"

（二）扁平化

随着发展，组织的职能完善，层级会逐步增多。按理组织效率会增加，为啥有时反而下降呢？这是因为在层级增加的同时，信息传递会随层级增加而递减，高层到基层和基层到高层之间越来越不畅通；掌握权力的高层不了解市场，了解市场的基层没有得到赋权。尽量减少已臃肿的层级结构，让组织结构扁平化，使得信息能够高效流通，这样才能真正提升组织运营的效率。

（三）划小单元

业务增长会让部门人员扩充，部门变得庞大起来，管理半径增大，管理难度也增加，管理效率也逐步降低。划小业务单元，尽可能地让组织减少管理半径，给一线赋权，让更多独立机构自主作战，用大平台小前端的模式作战，减少中央集权，而不是像传统的组织一样统管千军万马。

稻盛和夫的阿米巴经营、韩都衣舍的三人小组制、宗毅的裂变式创业等，都值得借鉴。这里不再详论，感兴趣的可以查找相关资料学习。

三、我所在企业的同心圆组织架构

下面我重点介绍我所在企业是如何通过组织架构调整来构建感知客户、感知员工、组织活力、组织进化四项组织能力的。

我所在企业的组织架构是一个同心圆，也可叫同心圆组织架构（见下页图1）。其最外层是客户，接下来是直接为客户提供服务的品牌门店，接下来是为门店提供支持的各部门服务组，圆心部分是为部门服务组提供服务的公司服务组。

　　整个层级就三层，门店一层、部门服务组一层、公司服务一层，实质
上就两层，门店和服务组，部门服务组和公司服务组是一起协同来支持和
服务门店的。

　　门店就是一线的独立作战单元。公司充分放权赋能，让他们拥有自
主权，只要在公司的文化和基本规则下他们可以放手去干。我们在《基本
干法》里明确规定："在文化制度允许的范围内，且有利于提升顾客和员
工满意度，任何人可以充分发挥，放手大胆去'干'，切忌被动、等待、

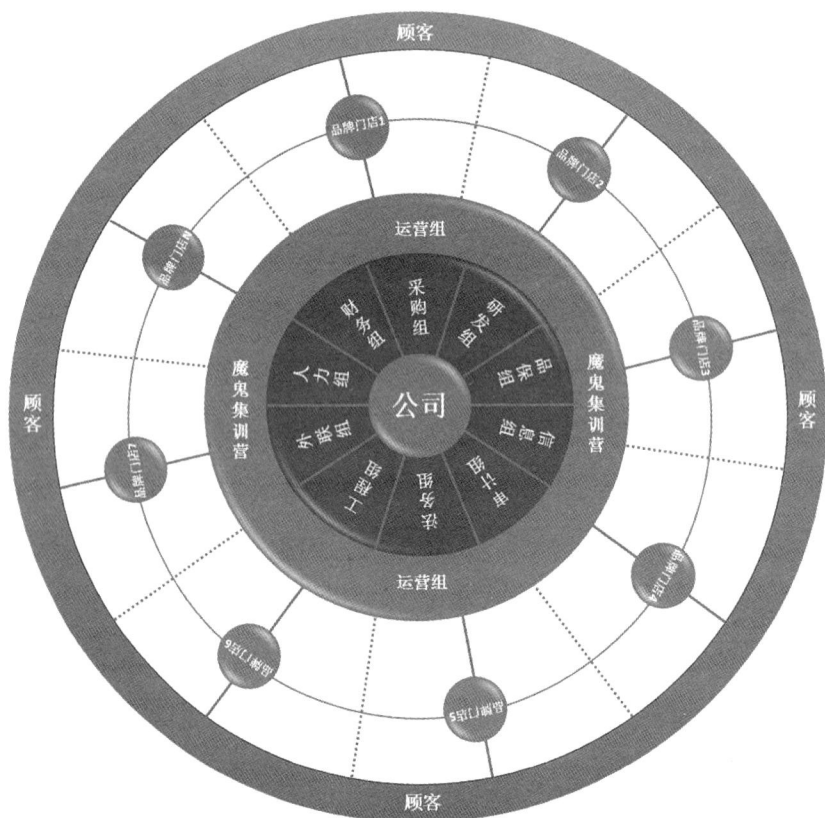

图1　同心圆组织架构

推诿。"

部门服务组就是公司的各职能部门，如人力服务组、财务服务组、采购服务组、信息服务组等，他们承担着相应的专业职能。这些部门服务都是独立核算，像人力、财务、采购等服务组都是公司化运作，都是独立的公司，跟公司整体上形成市场化运作。

公司服务组由公司董事会、公司决策委员会、外部顾问团队、外部合作伙伴构成，站在公司战略发展的角度协调各方资源来服务各部门服务组，并协同各部门服务组来支持和服务门店，以便更好地为客户提供产品和服务。

在组织变革上，我们有两个非常关键的变革：一是我们在全公司禁止称呼职位，如：××总、××经理，而要以兄弟姐妹相称或称呼名字；二是把公司整个职能部门改为服务组。

这两个转变，就是从思维和习惯深处打破官僚作风。当然以兄弟姐妹相称并不代表我们提倡"家文化"，我们认同"公司不是家"这样的理念，因此以伙伴相称。我们认为大家一起共事就是合作伙伴，合得来，能一起发展就好好一起干；合不来就散伙，各自寻找自己的发展平台和空间。

如果只是名称上改为服务组，取掉科层式官僚称呼，就转变了传统组织遗传下来的官僚作风和习气，那是不可能的，最后只不过是换汤不换药而已。我们在调整名称和称呼的同时，着重转变了传统的考核方式。服务组是传统组织架构里的职能部门，由原来的管理一线转变为服务于一线，这是一个极大的调整。因此各服务组的负责人不叫总监，而是叫服务组长，他带领整个团队为一线提供支持和服务。这不仅是名称的一个更换，不是由财务部改为财务服务组这么简单，也不是财务总监改为财务服务组长这么简单，其最关键是考核思路的一个变化，大多数企业的考核是由职能部门来考核一线，而我们反过来由一线来考核服务组，就是服务组的考核很大一部分比重由一线来决定，即服务组服务得不好，一线可以给你打低分。

除了考核外，针对服务组的服务，如果一线有不满，可以投诉服务组，企业给予一线投诉人以奖励，具体制度如下：

服务组服务承诺

1. 用心为大家提供服务，不出现态度问题。

2. 对门店反馈的问题及时解决并回执。

3. 工作中出现问题时不找理由、不找借口，虚心接受大家的反馈并改进。

4. 严格按照公司文化、制度、标准开展工作。

如果我们做不到以上承诺，欢迎拨打投诉电话，投诉成立，给予公司通报表扬并依据含金量奖励现金1 000至10 000元。（电话：×××）

公司和门店之间是服务与被服务的关系，除此门店与服务组之间没有多余层级。对于很多传统组织来说，公司需要通过强大的督导体系和质检体系来控制门店，以确保门店按照公司的文化、制度、标准运作。我们公司没有督导也没有质检，整个扮演督导和质检等运营职能的人由"魔鬼集训营"来实现，这个部门的人由门店参与选拔的人来担任，负责对门店进行巡检。

选拔经理级和店长级的管理者，先要在"魔鬼集训营"训练合格，之后才能进入实习期。由他们来履行运营职能，首先动力很足，如果不好好巡检那就无法通过选拔，再差一些会被淘汰，而且在巡检中通过清单对他们进行培养和训练也是为了让他们在接下来的管理工作中能很切实践行公司的标准。这样，管理的成本就会减少，因为他们具备自我驱动力；其次，公司不会因为发展增设过多的人员，避免企业随规模发展而增加过重的成本，一般企业随着门店增多都会不断增加运营团队来确保质量，但我们不需要；第三，更好地实现人才培养，"魔鬼集训营"的教练都是由公司高层担任，这些选拔者能更好地知道公司标准，也能提升他们的高度和格局。具体制度如下：

魔鬼集训营制度

一、集训目的

1. 成为公司人才孵化基地，更好地培养人才。

2. 成为公司运营团队，支持门店成长。

二、集训对象

1. 破茧成蝶：选拔的经理及以上级别管理者思维测评通过者先到集训营轮岗3个月，轮岗合格者进入实习期。

2. 回炉再造：日常工作进步缓慢、自我成长缓慢的管理者，到集训营回炉再造，再造合格恢复原岗。再造期间只发基本工资，绩效为零。

3. 谷底重生：因公司通报免职的管理者，到集训营历练学习，学习合格后重新分配岗位。学习期间只发基本工资，绩效为零。

三、集训内容

1. 训练管理思维与习惯。

2. 训练发现问题与解决问题的能力。

四、集训成果

1. 门店工作是否有进步（以绩效成果和案例证实）。

2. 排除能力因素，能发现公司发现不了的日常问题，公司发现的日常问题都能发现。

为了避免公司无法及时感知客户，防止客户信息无法有效反馈到公司，我们通过服务承诺让客户信息有效直达公司。这就是在组织架构中，有一条虚线直接连接客户和服务组的原因所在。在服务承诺中有一条是："如您对我们的服务不满意，欢迎投诉，我们将奖励现金688元。"而这个电话是公司决策委员会成员，也是公司服务组的核心成员，而不只是一个简单的客服。

一个人从基层岗到管理层，再成长至企业中高层，其管理意识越来越强，但服务意识越来越弱。随着层级的上升，这些管理者脾气越来越大，越来越牛哄哄，越来越爱指手画脚，越来越爱大谈人生经验，因此变得越来越不务实和不谦虚。领导力：分权力领导力和非权力领导力。上述这样的管理者，他们都只是权力领导力，也就靠权力征服别人，而非权力领导力通常靠他们在日常工作中扎实的工作以及服务或成就部下而形成的人格魅力。

W·钱·金、勒妮·莫博涅在《哈佛商业评论》发表了"蓝海领导力"，他们的论述如下：

蓝海领导力的核心原理是将领导力视为一种"服务"，而组织内的员工可以选择"买"或"不买"。这样一来，每一位领导者都有对应的上下游客户：上游有领导者必须汇报的对象，下游是需要领导者指导和支持的下属。

　　当人们认同你的做法，就会"购买"你的领导力，支付的"货币"是他们的敬业度——他们投入地工作，努力获得成功。然而当他们对你的领导力不买账时，就会成为非客户，不再积极投入工作。当我们将领导力视为服务，就会意识到，可以改造蓝海战略中非客户转化为客户的概念和方法，帮助领导者将混日子的员工转化为敬业的员工。

　　我十分认同"蓝海领导力"这个观点，管理者把管理变成服务，最终成为团队的服务者，这是接下来组织要面临的挑战，也是管理者自己要面临的挑战。

　　我们公司的管理者也信奉服务式领导，管理者不是管理员工，而是服务员工，这种服务的理念从公司渗透到组织的各个层级。因此，如果员工对管理者的管理不满意他们可以投诉管理者，投诉的合理公司给予重奖。同时为了防止腐败和官僚作风，让整个组织听到员工的声音，员工可以针对一些丑恶事件进行举报。这样做也是为了更好地避免前面讲的信息漏斗或者信息随层级而递减的现象，使得信息能在公司更好地流动，减少沟通成本。具体制度如下：

管　理　承　诺

　　1. 如果您对任何管理者的管理不满意，欢迎投诉（只接受实名投诉），投诉成立，给予公司通报表扬并依据含金量奖励现金 1 000 至 10 000 元。（电话：×××）

　　2. 欢迎举报公司内部任何人的丑恶行为(违反企业高压线行

为），可匿名举报，举报成立，依据含金量奖励现金1万至50万元。（电话：×××）

3. 凡严重破坏企业文化和企业制度的行为，欢迎举报（可匿名举报），举报成立，给予公司通报表扬并依据含金量奖励现金1 000至10万元。（电话：×××）

4. 投诉、举报人员进入公司保护名录，若离职需经公司批准后方可离职。

5. 公司尽全力把每个人培养成为更优秀的人才，为推动企业发展的员工提供更好的发展平台。

6. 要求员工做的任何事情，要求管理者第一时间做到。

公司由职能部门构成的服务组来服务一线门店，门店服务顾客。以客户为本或者叫以客户为中心，来检验组织的管理，并以此推动组织进化，以最终形成感知客户、感知员工、让组织充满活力的组织。

▶ 小结问题

1. 组织架构的作用是什么？

2. 为啥组织架构必须要保持动态变革，而不能固化？

3. 如何更好地进行组织架构调整，以确保组织能力建设？

第十三章　制度流程优化

乔·拜伦说：例外恰恰证明了规章的合理性。企业在发展中要减少例外事件，而制度是关键措施。制度会越来越多，但很多企业却无法系统化和整体化地构建制度，或者说错误地设置了一些不合理的制度，这样不但不能推动组织变革，反而会成为障碍。

如何有效地进行制度流程优化是确保组织变革成功的基石，变革如果失去制度的保障，一切都只会流于形式和表象。

一、简化烦琐制度

创业期，一个字"干"，这时企业更多靠人情、愿景、老板人格魅力支撑。随着发展，企业开始制度化，甚至很多企业请咨询公司帮助企业梳理制度。

在制定制度时，企业容易在出问题时简单粗暴地下发独立的制度，不从企业运营系统上找问题，大多是在堵漏洞，或者说在救火，只不过创业期是人救，而成长期是制度救火。

你发现制度像打补丁一样，彼此矛盾重重，甚至相互排斥，那这样的制度是无法促进企业发展的。制度打补丁似的增加，为了解决问题一个个制度被制定出来，往往缺乏系统性和结构性。这些繁杂的补丁制度，不但增加管理的成本，也增加管理的复杂度。

有的企业往往误以为制度多了就能解决问题，其实多而杂乱的制度只会增加管理的复杂度，而不能真正解决实质性的问题。因此，需要系统化的优化整个制度体系，对繁杂的制度进行简化，让所有制度能够统一起来，形成整体性协同，而不只是独立的防范措施。

我所在企业在制度建设过程中要求，如果制定100条制度但没有真正落实执行，那就砍掉。在制度设计之初，我们不会搞得很全面很复杂，简单有效，便于理解执行就可以了。在执行过程中，我们再不断升级优化，所以我们的制度从1.0不断地升级到30.0，甚至40.0，最后我们发现凡是升级快的制度都是用得好、用得多的制度。

由于管理人员增加，企业审批变多，有时为了审批而审批，在简化制度的同时也要简化流程，去掉没必要的形式化审批，赋予一线人员更多权力。

在企业成长中，切忌走集权化路线，让一线能更好地发挥自己的主观能动性，这是我们在制度设计上需要重点考量的点。要打造能敏捷感知顾客和员工的组织，一定要不断去除形式化工作和流程制度，不断为组织运营减负。如果一个企业的审批很烦琐和冗长，只能说明企业治理存在问题。

二、完善绩效管理

随着企业地位和业绩的增强，管理层尤其是创业元老开始出现以下问题：地位性懈怠、成就性傲慢、权力性放纵。这些毒瘤会极大地伤害组织的效率，成为组织发展的障碍。

当这些问题逐步出现，一些人就像寄生虫一样，开始不创造价值，只会去分享别人的劳动成果，逐渐拖累组织，让企业负担加重；同时，他们也会成为变革的最大阻碍者，极力排斥和否定变革，以便保护自己的既得利益。

在这种情况下，企业必须完善绩效管理，公平、公正、合理的评估价值、分配价值，把企业寄生虫找出来，真正实现能者上、平者让、庸者下，以确保组织活力不被蚕食。也要把变革变量融入绩效管理中，科学地变革考核内容，让变革真正落地。如果组织变革，不能通过制度融入绩效管理中去，变革就会成为空谈。只有把变革跟团队的利益绑定，变革才能真正有效。

绩效管理是企业管理的核心，也是组织变革的关键推动力量。考核找到真正推动组织变革的关键点，并列入考核才能有效推动组织变革。在我们企业所有的管理层考核，有几项非常重要的点，就是让大家提出创新建议、质疑公司制度或管理、提出反对意见。这些点都能很好地推动组织变革，避免组织陷入惯性之中。对于含金量较高的创新、质疑或反对意见，其绩效会大比例加分。

三、强化人才选拔

创业期人的任用，更多凭感性和直觉，这时更多是伯乐相马机制，看谁合适就让谁干；进入成长期，不能再采取伯乐相马的方式，而是要建好赛场进行赛马方式选拔人才。

完善能者上、平者让、庸者下的选拔机制，让真正有才干的人露出水面，让庸者腾出位置。这样，企业才能进入良性发展，否则就会出现浑水摸鱼、滥竽充数投机者。通过不断赛马，选出好苗子进行培养，同时淘汰掉不思进取、思想和行为堕怠的人。

这里要强调的是，只有真正从内部不断选拔人才才能有效地传承文化和推动变革。很多企业指望挖外部现成的人来解决变革问题，往往以失败而告终。企业可以适当引进高水平的变革推动者，但大多中坚力量还是需要组织人才梯队来完成。

在人才选拔上，很多企业认为自己的人不行，或者认为年轻人不行，这都是组织存在太多管理偏见所致。一个无法从基层培养出管理干部的企业，是没有前途的企业。能否不断选拔培养出人才，可以说是组织核心竞争力之一。

四、破除人情枷锁

人情在创业期起着关键的作用，然而它会继续蔓延到企业发展的各个阶段，使得企业在推动变革时阻力重重。

企业必须由人治向法治过渡，减少人情因素。认真而系统地梳理企业存在的人情因素，把这些因素通过制度化的方式予以规避，这是成长期企业必须完成的一项工作。这项工作也是组织变革中最难的难点。

团队通常都想把人情因素继续保持和延续下去，这样即满足人的舒适性需求，也是创业团队难以抹开情面的地方。对于组织变革来说，人情就像感冒病毒一样会让组织失去活力，人情因素也让团队无法有效适应组织发展新阶段的规范化治理。

当然，制度化也不是说企业因此就变得冷冰冰。因为，制度建设也可以从人性的角度出发，只不过通过制度建设减少随意化、面子化、个人化等现象。只有破除人情的枷锁，才能打造出感知客户、感知员工、充满活力、组织自主进化的组织能力。

制度建设好了，其落脚点还是在人身上。以下将一起探讨目前老板们都很关心且头疼的人才结构优化问题。

▶ 小结问题

1. 制度流程优化对组织管理变革的意义?

2. 制度化建设过程要注意哪些问题?

3. 从人治到法治，如何破除人情枷锁?

第十四章　人才结构优化

　　人才是企业发展的基石，也是推动企业变革的核心力量，合理的人才结构，是组织变革成功的关键。

　　组织管理变革，最终是由人来推动的，没有一帮优秀的人才强力推动，上面谈的所有变革都会成为空谈。组织的变革最终要落到人上，因此要确保组织变革成功，就需要有一帮能跟上组织发展的人才梯队。为此，组织必须对人才结构进化优化。

一、人才多元化

　　创业期的元老容易按自己的性格特质甄选人才，加上企业文化强化，这必然会导致企业的人才结构单一化。表面看，一群思维一致的人能更高效的推动工作开展，似乎执行力更强，然而这也是组织变革最难攻下的碉堡。思维一致的人，看似默契，其实是固化外显，对于创新和变革极为不利。

　　企业要进行变革，就必须打破这种一致的局面，改变单一的思维和行为方式，让人才结构多样化。多样化的人才结构，易产生创新，也会制造"不和谐"，短期会给团队带来别扭和不适，长期看将大大的丰富团队的思维，能推动团队从多角度看问题，并能取长补短。

　　组织对多元化人才的包容度，是组织发展的关键。我们企业在发展中，也极力招聘各种特质的人才，比如：人力资源部门即招聘人力资源专业的高校应届生，也招聘非人力资源专业的学生，接下来我们还要招聘艺术类学生，以丰富这个部门员工特质，以更好地确保思维活力。组织如果过于一致化，其实也是组织活力衰败的体现。

二、启用年轻人

当管理团队慢慢老化时，也就意味着他们开始缺乏活力和创造力。回头看看自己的管理团队，如果平均年龄偏大，可能就是企业发展的瓶颈。我在第一章里指出："盘点一下企业的人才，从初级管理者到高层，如果大多是70后、80后，企业就很危险！如果基本都是70后，那离死就不远了。"这不是胡说八道，当企业管理者过于年长，他们的思维就容易固化，他们自己本身就缺乏变革的动力，更别说推动组织变革。人都很难脱离经验化、思维固化的自我定势，除非具备极强学习力和自律性的人，一般人都很难做到。

敢于启用年轻人，不但能为团队带来活力、动力、创造力，也能引发"鲶鱼效应"，推动企业"老臣"自我变革。因为他们年轻，首先他们更了解年轻人，无论是企业的员工还是客户，他们能更好地同频沟通。尤其在今天这个个性张扬，年龄阶层分化比较严重的时代，只有年轻人才能真正了解新时代，才能真了解新时代的客户和员工。

我认为，如果一个企业老板要守在岗位上不退出，不断地寻找存在感，拿自己的过时观念和经验来指挥企业，那是非常危险的一件事情。同样，如果企业高层年龄老化还不退出企业，依然掌控企业的重要决策权，也是非常危险的事情。企业只有不断地让老人退出，把更重要的平台和空间腾出来提供给年轻人，企业才有未来。

三、借助外来力

企业在变革中，有时力量有限，适当地引进外部力量，将会很好地推动企业变革。外部力量可以是顾问、咨询、培训、考察、对标等。

俗话讲："外来的和尚会念经"。有时同样的话语，对企业内部人来说不见得重视，但如果由一些水平高的顾问、咨询机构提出，往往更能引起大家的重视。而且，由于组织具有惯性，往往难以自我突破，采用外部视角，会让我们看到不一样的问题，能更好地激发我们变革的动力和意愿。

寻找一些优秀企业或者比较独特的企业进行对标考察，也可以启发大家的思维，让我们从组织惯性中解放出来，看到自己的问题。

当然，借助外力不等于依靠外力，企业必须对自己有清醒的认知，外力是锦上添花，无法做到雪中送炭，组织变革的核心力量还是源于内部，企业内部不变，等着外力来推动变化，无异于天方夜谭。同时，还要注意的是，如今的很多外部顾问和咨询老师，忽悠的占多，胡说八道的也不少，他们往往在不深入了解企业的时候就随意给方法和下结论，把自己的观点当圣经，这也很害人。企业内部必须对这些外力有清醒的认知，要判断出哪些是真专家、哪些是水专家；也要防止一味地模仿优秀企业，任何企业都具有独特性，只能借鉴转化不能一味地模仿。

四、变革中哪些不变

贝佐斯在一次演讲中讲道："人们经常问我：未来10年什么会被改变？我觉得这个问题很有意思，也很普通。从来没有人问我：未来10年，什么不会变？在零售业，我们知道客户想要低价，这一点未来10年不会变。他们想要更快捷的配送，他们想要更多的选择。"

谈了这么多组织变革，一直在讲组织该如何变，那么组织在发展中有哪些东西是不变的？这也是需要每个企业多思考的重点问题，一味地为了变而变，把不该变的也变了，那就是"乱变找死"。

我觉得以下因素，在企业的任何时期都不变：

- 务实奋斗的精神：即使时代超越互联网时代，但唯有奋斗——尤其是脑力上的奋斗——才能让我们更好地生存发展，没有任何一个时代可以让我们坐享其成。
- 让企业保持赢利：企业在任何时候都需要赢利，不然就是对社会资源的极大浪费，尽管今天有一些企业战略性亏损，但没有任何一个企业可以一直亏下去。
- 让团队保持高效：团队高效是企业发展的关键竞争力，没有高效的团队企业是举步维艰的。
- 让员工得到成长：企业的成长背后是一批人的成长，只有让员工得到成长企业才有未来。
- 让客户更加满意：为客户提供性价比更高的服务和产品，这是任何时代企业必须追求的。
- 承担起社会责任：企业是社会的器官，不能脱离社会而独立存在，因此它必须承担相应的社会责任。
- 与人为善的文化：用良知对待自己的员工和客户，让企业内部极具人文关怀，这是今天这个新时代企业的立足之本，唯利是图的企业是难以获得长足发展的。

▶ 小结问题

1. 为什么说人才结构优化才能确保组织管理变革成功？

2. 怎么进行人才结构优化？

3. 人人都在谈变革，哪些是变中坚持不变的？

总　结

　　本部分系统地讲了组织变革的几个关键点。一是管理层要从思维上进行变革；二是组织文化要进化；三是进行组织架构的变革；四是制度流程的优化；最后落到推动组织变革的关键力量上——人才结构优化。

　　在秉持企业应该不变的这些特点的基础上，阐述了未来管理应该具备的创新方法——游戏化管理，以及组织变革的要点，介绍我所在企业在管理变革中是如何运用游戏化的方式来实现管理变革的。我们还在路上，不能确保所有实践都是对的，它只不过是管理变革的一种途径和方法而已，仅供读者参考，略有启发即可。管理是实践的手艺，最终还得结合企业的具体情境优化实践。

第四部分

游戏化思维引领管理
变革的实践

导　读

先来思考几个问题：

1. 对于组织来讲，怎么做才能目标明确？

2. 为什么组织需要规则清晰？

3. 为什么及时反馈，能让组织充满活力？

4. 为什么很牛的组织都在构建自愿参与的工作环境？

　　游戏之所以好玩，是因为它具备目标明确、规则清晰、反馈及时、自愿参与这四个重要的特征，而工作却很多时候做不到，工作往往是目标含混不清、规则混乱、反馈缺乏、被动执行，这就使得我们愿意花钱花时间去玩一个没有任何外在收获的游戏，却带着万分痛苦的心情去做组织的工作。

　　那么，我们如何改变现状态，在工作中让组织目标明确、规则清晰、反馈及时、自愿参与呢？本部分重点探讨我所在企业运营中的实践，同时介绍其他的优秀企业的实践。

第十五章　目标明确

法国作家安东尼·德·圣-埃克苏佩里在《小王子》里说："If you want to build a ship, don't drum up people to collect wood and don't assign them tasks and work, but rather long for the endless immensity of sea。"

中文翻译过来就是：如果你想造一艘船，先不要雇人收集木头，也不要给人分配任务，而是激发他们对海洋的渴望。

同样，想做好一家企业，先不要给大家讲如何做好服务和产品，更不是要求大家如何遵守规章制度，而是要激发他们对企业发展的渴望。渴望从哪里来？这就是与企业的愿景、战略、目标息息相关。

当组织目标明确时，其他一切都变得简单，我们可能随时调整组织以适应环境而不至于纠结。也就是说，变化将变得简单起来，即只要是为了实现目标的一切策略都可以尝试，因为明确的目标给了我们坚定的方向。尤其是当今变化多端、充满不确定性的时代，只有拥有坚定不变的明确目标，才不至于迷失自己。"形态虽然在变，但目标是明确的，结构的出现（仅仅是临时性的解决方案）所起的作用是创造条件而非干预。很多组织都缺乏这样的信念，不相信能以灵活多变的方式实现他们的目标，不相信只要将关注点放在决心和愿景上，它们就可以有完美的表现。"[1]

---

① 玛格丽特·惠特利著，简学译：《领导力与新科学》，浙江人民出版社2016年版。

一个好的游戏，无论它多复杂，首先大家玩的时候目标都是非常明确的。其实，企业也是处于一场更为复杂的游戏，如何让大家参与到这场游戏中来，企业就要明确目标，让大家看到清晰的未来——尽管这个未来还比较远。

当然，说到目标，大家一定会想到画饼，这也是很多企业擅长的事情。目标与画饼有个本质的区别：目标真能实现——大家努力为之拼搏并不出意外就能实现；而画饼只是画饼，企业并不一定真想把饼给你。

明确的企业目标，由三部分组成：愿景清晰，战略得当，目标清晰。

一、愿景清晰

（一）愿景定义

愿景指引着企业应该坚守什么样的核心价值观及宗旨，应朝着什么样的未来成长发展。关于愿景的定义众说纷纭，这里主要参照吉姆·柯林斯在《如何构建公司愿景》一文里对愿景的定义：愿景由两大要素组成，核心理念和未来图景。核心理念定义了我们主张的理念和我们存在的理由；未来图景就是我们渴望成为、渴望得到和渴望创造的——即需要通过重大变革及进步来实现的东西。

核心理念又由两部分组成：一是核心价值观，即指导原则和信条，是组织最重要的一套永久信条；二是使命（吉姆·柯林斯用的是核心宗旨，我觉得用使命更好），即组织存在的最根本理由，有效的使命反映着人们在公司工作的理想动机，核心使命的一个主要作用是指导和激励。

未来图景也由两部分组成：一项长达10—30年的大胆目标，以及生动描述目标实现后的美好景象。未来图景一定是宏大的、艰难的、大胆的，生动的描述能唤起人们的激情、情感以及坚定的信念。[①]

关于未来图景，它一定是跟组织的创始人息息相关。你想把企业做成什么样子？你的追求是什么？未来图景跟创始人深层的追求相关，你不可能照搬其他企业。基于创始人的个人认知和追求，设定宏大、艰难、大胆的目标，就能构成未来的图景。

（二）愿景内容

我所在企业未来图景——我们直接称为愿景——是"做良性健康发展的优质企业"。它是基于我们几个创始人对企业的追求，我们不想做多大，更不想跟别人争第一，我们只想做一家优质的好企业。也许它很小，但很优质。优质是没有尽头的，你需要不断自我超越。我们对优质企业的生动描述是：优质待遇；让员工高效成长；热情、快乐、简单的氛围；受人尊敬。

第一，优质待遇。给员工们优质的待遇，就是它一定是领先同行业的。我们认为如果不能给员工提供优质的待遇，那它就不叫优质企业。我们不断优化薪酬福利制度和股权架构，以让真正做出贡献和努力工作的人获得更好的待遇，即华为讲的"不让雷锋吃亏"。

在提供优质待遇的同时，我们要求大家高效成长，让大家成为优质的员工。企业不是福利院，不能容忍混吃等死的员工存在，因此在提供优质待遇的同时也要淘汰掉那些不努力、不上进、不积极的员工。

第二，让员工高效成长。我们承诺"公司尽全力把每个人培养成为更优秀的人才，为推动企业发展的员工提供更好的展示平台"，优质的企业一定能让员工无论在做人还是做事上都能不断获得成长。

---

① 吉姆·柯林斯等著，陈志敏等译：《重塑战略》，中信出版社2016年版。

我们希望进入企业的每个员工都能获得成长，因此我们组织大量关于"职业发展""专业技能"和"管理技能"等方面的培训。并且，从来不要求参加培训的员工一定要在企业工作多久，如果员工有更好的发展平台我们支持他们跳槽，一度我们在企业承诺里写道："如果企业不能给你提供更好的平台，欢迎跳槽，我们将把你推荐给更优秀的企业。"

同样，我们对联合创始人也都是如此，从来不限定大家一定要在企业工作一辈子。"生是企业的人，死是企业的鬼"这样的信条我们坚决反对，谁这样讲在企业也会挨批评，大家合得来就一起干，合不来就散。

让员工高效成长，还有一个特别重要的点，就是我们相信激励团队的最好方式不是薪酬，而是拥有"一群超级棒的同事"，彼此能"比、学、赶、帮、超"。一边我们帮助大家成长，一边我们也会对不思进取的人进行淘汰，以保证大家都有一群超级棒的同事，彼此激励并携手共同成长。

第三，热情、快乐、简单的氛围。大家能热情地投入工作，并且是快乐的，彼此没有复杂的人际关系，大家专注于把工作做好。在工作中充满热情，才能让我们在工作中找到成就感和价值感，反过来又会让我们工作更热情。一个人一辈子大多时间都在工作中度过，如果工作没有热情，就会让自己过得很纠结，甚至很痛苦，因此我们通过激励机制的设计让大家充分获得成就感和价值感，以确保大家能热情工作。

快乐简单，主要从管理和组织氛围上下功夫。管理上我们主要打破传统管理者高高在上的状态，转为让管理服务于员工、支持员工和激发员工，而不是控制和约束员工。组织氛围主要就是通过制度化的措施来打破复杂的人际关系。

第四，受人尊敬。企业受客户、员工、社会尊敬，这点是最难的。它必须为客户提供性价比高的产品及优质体验，让员工有价值感、归属感和幸福感，并要承担相应的社会责任。

发展没有止境，客户、员工和社会都会不断变化，企业必须不断地自我突破，才能做到受人尊敬，而且必须有超越利润本身的追求，否则就是一句空话。

（三）使命的价值所在

我们企业的使命是"让员工高效成长，为推动企业发展的员工提供更好的发展平台；夯实管理细节，为行业贡献价值；践行商业文明。商业文明＝诚信、共享、利他、品质、创新、人文关怀……"

吉姆·柯林斯在《如何构建公司愿景》一文里说："宗旨（使命）就像地平线上的启明星——你永远追逐却永远无法触及。宗旨永远没有完成之日，这个事实意味着组织在推动变革和进步方面必须永不止步。"

"为行业贡献价值"和"践行商业文明"是我们难以企及，但却是激励和指导我们为之奋斗的核心力量，企业创始人如果只停留于利润的追求，一旦利润达成就会迷失方向。

就像惠普创始人戴维·帕卡德在1960年对员工演讲时所说："宗旨指出了组织存在的深层理由，组织存在不单是为了赚钱。我想探讨一下，一家公司之所以存在，首先是为了什么。换句话说，我们为什么要在这里工作？许多人认为，公司存在就是为了赚钱，我觉得这是错误的。尽管这是公司存在的一项重要结果，但我们仍须深入发掘我们在此工作的真正缘由。随着我们对此问题的探讨，我们必须得出这么一个结论：一群人凝聚集体的力量去实现分散的个体无法实现的成就——他们一起对社会做出了贡献。这种说法听上去像是陈词滥调，却非常重要……你们可以（在商界）四处看看，就会看到有些人对什么都不感兴趣，除了赚钱；但是，推动社会发展的根本驱动力很大程度上来自赚钱以外的渴望，如制造产品、提供服务——通常是去做一些有价值的事情。"

戴维·帕卡德的话深刻地道出了使命的价值所在，这能激发企业超越赚钱为社会创造价值。

第一，让员工高效成长，为推动企业发展的员工提供更好的发展平台。这指导着我们不断推动企业发展，努力让员工获得成功，并为之提供可以更好发展的平台。

员工不只是企业的螺丝钉，他们更是企业的一个组成部分，企业不是老板个人的，它是全员共同创造的成果。企业要负责搭台，员工才是主角，戏要由他们唱。

身边不少企业，他们反过来，搭好台然后老板跑上去唱戏，这就很愚蠢，员工必然会与企业离心离德，因为企业是老板的，不是大家的。

第二，夯实管理细节，为行业贡献价值。这对我们的管理提出更高的要求，细节是没有止境的，且要为行业做贡献，你就得不断有超越行业本身的细节呈现，无论是管理还是产品和服务都要有领先行业的地方。这对企业是极大的挑战，需要我们不断自我超越并超越行业。

第三，践行商业文明。商业文明＝诚信、共享、利他、创新、人文关怀。这些商业文明，很多人会觉得很虚，但我们认为这才是商业的本质，商业如果只是赚钱那就变得没有丝毫意义，因此我们努力地在践行。

（1）诚信：成为我们的核心价值观，并且我们把诚信制度放在至高无上的地位，触犯者会给予其严惩。

（2）共享：我们从联合创始人开始，不认为企业是我们自己，而是认为企业是大家，所以要不断通过股权架构的设计来进行股权分配。

（3）利他：我们强调爱心文化，大家彼此关照，利他共赢，从领导者开始坚决抵制自私自利的人。

（4）创新：我们提倡让全员来进行工作优化和创新，让大家充分发挥自己的创造力，推动全员创新变革。

（5）人文关怀：人文关怀是企业的核心，基于人性来建设制度，并对大家提供相应的帮助，如贫困帮扶。

我们企业的核心价值观是："（1）为人处世：诚信有爱心——诚实守信，乐于分享，利他共赢。（2）团队氛围：热情快乐简单——工作热情快乐，人际关系简单。（3）工作作风：认真务实、坚持做透、不走捷径——质量比数量重要，内容比形式重要，事实比感觉重要，做到比说到重要。"

核心价值观是永久的信条，无论环境怎么变化，我们都会坚守，它是指导我们的原则和信条，是评判是非曲直的标尺。组织的一切变革，都会基于一些不变的因素，这就是核心价值观。它可以随着时代发展，表述发生变化，但内核是不会变的。

这是源于我们企业联合创始人内心的声音，也是我们为人处世的一个延伸。如今都在求变，但一定要找到什么是不变的，那就是核心价值观，那种发自人性深处的追问，才能确保不会乱变。

（四）为人处世方面，重点谈谈诚信

在说诚信之前，先来看看不诚信，类似于撒谎、作弊等，会给我们带来什么问题：

- 会害了自己，容易犯大错，好不容易努力的成果会毁于一旦——它会让我们变得为了达到目的而不择手段，失去廉耻心，最终把自己变成一个恶魔；

- 破坏良好的文化氛围，摧毁团队，让团队毫无战斗力——它很容易形成钩心斗角、相互拆台、不择手段、自私自利的宫斗氛围，使得企业变成一个烂企业，会把企业变成地狱；
- 任何优秀的人才和团队，都是靠实干、真刀真枪干出来的，作弊、投机取巧、走捷径是不可能成为优秀的人或团队的；
- 它让我们人性变得复杂，你不知道谁在讲真话，也不知道大家的成果是真的还是作弊的，因此人与人之间就会失去信任，当没了信任大家就散了。

诚信是做人的底线，也是企业发展的底线，对于诚信出问题的人或团队必须严肃处理。为此，我有专门的诚信制度，并且由信息部门用大数据等工具来筛查不诚信的人及事。

诚信管理制度

一、目的

为规范员工行为，加强全员自律，营造诚实守信的文化氛围，特制定本制度。

二、适用范围：全体员工。

三、诚信管理方式

1. 大数据筛查；智能测谎。2. 监控视频；匿名举报。3. 公司审计；报警侦查。

四、处罚规定

(一)具体扣分标准

1. 黄色预警(根据情节严重性扣1—12分)

(1) 造谣、恶意中伤等行为。

(2) 撒谎、言行不一等行为。

(3) 做表面工作、虚报或夸大事实等行为。

2. 橙色预警(根据情节严重性扣6—12分)

(1) 虚报经营数据或工作成果等行为。

(2) 把他人工作成果占为己有等揽功行为。

(3) 隐瞒自己存在的问题，包庇他人存在的问题。

3. 红色预警(直接扣12分)

(1) 盗用印章、效仿上级签字等行为。

(2) 偷拿他人和公司财物等行为。

(3) 作弊、抄袭、伪造离职日期和考勤等行为。

(4) 贪污受贿、从事第二职业、泄露企业机密等行为。

(二) 在企业整个职业生涯诚信分为12分，扣完12分，公司通报批评立即解除劳动合同，并列入黑名单永不录用，情节严重者移送公安处理。

(三) 凡触犯《诚信管理制度》被扣分者，公司通报批评并列入企业重点管理名单，公司审计服务组不定期进行抽查审计。

(四) 2019年10月1日起，凡触犯《诚信管理制度》黄色预警者，自触犯之日起1年内禁止选聘管理者；凡触犯《诚信管理制度》橙色预警者，永远禁止选聘管理者。

由上可以看出，我们对诚信的重视，一个员工在企业的整个职业生涯就12分，扣完分就劝退并永不录用。

仅在2019年被我们列入重点管理的人多达30多人，列入黑名单的人多达十几人。这就是核心价值观的力量，因为它是原则和信条，我们愿意为之付出代价，无论是人员淘汰的代价还是管理成本的代价。一个只重视利润的公司，永远都不会做这样的事情。

（五）工作作风

在工作上我们秉持"认真务实、坚持做透、不走捷径"的作风，其实这是做企业的常识或者说本质，并不是什么高大上的理念，很多时候做好一家企业真不需要那么多花里胡哨的东西，坚守一些基本的常识性理念就够了。

认真务实、不走捷径地把一个事情做透，比什么都重要。怎么检验是否做到呢，就是用质量、内容、事实、做到来检验，因此我们尽可能地去除掉数量、形式、感觉、说，不要为了做而做。

做100件无质量的事情还不如做一件有质量的事情，我们不追求高大上和大而全；形式纵然重要但内容才是关键，不要舍本逐末，"去形式化"工作是我们工作优化的重点考量对象，可做可不做的工作定性为形式尽量不做；要用数据和案例代替感觉，喜欢用感觉做事情和说话可以说是很多人的习惯，我们尽全力杜绝，要求管理层少用大概、差不多等词；有人说得好但做不到，有人会做不会说，有人做得好也说得好，我们重用后者，培养会做不会说的，而淘汰那些只说得好但做不到的人。

这部分内容就是在这个充满变化的世界里，你要找到自己不变的东西，找到那个稳固的内核，不为外界变化所蛊惑，使自己失去方向和原则。

就像贝佐斯所思考的，人们都在关注未来的变化时，他反问未来有什么是不变的。组织领导者必须找到组织不变的内核才能在风涌变化的世界中保持自我，才能避免成为不正之风的跟风者，才能避免多余的乱动作。

一个没有不变内核的组织，在奔跑中必然解体，这是大家必须要认清的现实。

二、战略得当

企业有了愿景后，到底该如何去实现？它不会凭空实现，它必须落到组织的运营行动上。大家知道该做什么以及不该做什么，这就需要战略。就像电影《冰雪奇缘2》里面的台词所讲"看不清未来时，你可以做对下一件事情"，怎么做对下一件事情，这就需要战略。这句台词很贴切地解读了面对今天这个乌卡时代，我们到底该怎么做。

谁也不知道未来是啥样，今天这个时代不像工业时代那么具有可预测性和确定性，但你必须做对下一件事情，同时你也必须做对当前的事情，正如德鲁克说："战略不是研究我们未来要做什么，而是研究我们今天要做什么，才有未来。"

关于战略的定义很多，一不小心你就很容易把自己搞得找不到北。

- 钱德勒在《战略与结构》说："战略可以定义为确立企业的根本长期目标并为实现目标而采取必需的行动序列和资源配置"。
- 波特在《什么是战略》一文里强调了战略的实质在于与众不同，在于提供独特的消费者价值，它提出了战略五力模型，五种力量分别为同行业内现有竞争者的竞争能力、潜在竞争者进入的能力、替代品的替代能力、供应商的讨价还价能力、购买者的讨价还价能力。

- 钱·金和勒纳·莫博妮在《蓝海战略》中认为战略包括企业
  关于消费者价值的主张，关于企业利润的主张，以及在组
  织活动中关于人的主张，并着重强调创新和改变游戏规则
  之于战略的重要性。

- 亨利·明茨伯格为战略做出一个综合的5p定义，亦即计划
  （plan）：总体规划与基本准则；计谋（ploy）：可操作性较
  强的谋略和计策；模式（pattern）：一系列决策中形成的某
  种共性；定位（position）：在竞争图景中的位选择；视角
  （perspective）：经久一致的思维方式。

当一个战略复杂到把你搞晕时，它并不是一个好战略，对于管理来
说越复杂的东西越没有价值。战略大师理查德·鲁梅尔特说："好战略看起
来总是这么简单，不需要用一个又一个演示文稿去解释。好战略也不是矩
阵、图表、三角模型等战略管理工具能够创造出来的。相反，一位有才能
的领导者能确定形势中的一两个关键问题，也就是找出能够让你事半功
倍的着力点'，然后集中资源与行动将其解决。"[①]当今时代，我认为理查
德·鲁梅尔特的战略思维具有极高的参考价值。

理查德·鲁梅尔特在《好战略，坏战略》这本书里，详细解读了什么
是好战略、什么是坏战略。他认为战略的真正含义是为了应对重大挑战而
做出的连贯性反应。与单独的决策或目标不同的是，战略是为了应对高风
险的挑战而采取的一系列连贯性的分析、理念、方针、论证和行动。一个
战略的核心包括三个要素：调查分析、指导方针以及连贯性活动。调查分

---

① 理查德·鲁梅尔特著，蒋宗强译：《好战略，坏战略》，中信出版社2017年版。

析就是要读懂当前形势，对错综复杂的局势进行分析时，要充分注意局势中的关键特点；指导方针详细说明了为应对分析报告指出的障碍而采取的措施，它像路标一样指明前进的方向，但并没有给出具体路线；连贯性活动是为落实指导方针而采取的可行的、协调的办事策略、资源投入以及行动。

好战略旨在实现某一重要目标，具有连贯性、协调性、指导性和物质性的特征；好战略能够洞察优势之源和劣势之源，从不同的角度或者全新的角度来看待事物，就能揭示出新的优势和机遇，以及新的弱势和威胁[1]。

接下来我应用理查德·鲁梅尔特观点来解读战略实践，着重思考组织到底该做什么，不该做什么，重点对一些盲目跟风、跑马圈地、频繁乱动作等违背战略原则的组织行为进行分析。

（一）盲目跟风 VS 调查分析

有个朋友做了10多家连锁超市，看到阿里巴巴推动新零售，他跟我们一起交流时就开口闭口自己要做新零售，还问我们做不做新零售。弄得我哭笑不得。我问他什么叫新零售？他顿时语塞，找别的话题绕过去。

这还不夸张，夸张的是当海底捞风生水起时，很多企业都开始学海底捞服务，你擦鞋我也擦鞋，你提供绑头发的橡皮筋我也提供，因此你到很多地方吃饭都感觉像进了海底捞。中国企业善于抄袭——是抄袭不是模仿，就是你怎么干我就怎么干，不加分析、不加转换地直接拿过来，因此你会发现国内企业很多地方一样，这就导致企业失去了自己独到的优势，盲目跟风成为企业常见的形态。

---

① 理查德·鲁梅尔特著，蒋宗强译：《好战略，坏战略》，中信出版社2017年版。

这就是在战略决策上不加调查分析，没有搞清楚形势，正如理查德·鲁梅尔特所言："制定战略不仅仅是决定要做什么，更基础的问题是如何读懂当前的形势……特别深刻的分析可以转变你对当前形势的看法，引导你采用一个截然不同的观察视角。"

你必须读懂你企业的形势，10多家线下连锁超市去跟风阿里巴巴做新零售那就是找死，而不加分析地学习海底捞的服务不但不能提升顾客体验，反而会增加企业的运营成本。分析清楚当前的局势，找出关键点，可以很好地帮助我们明确到底该做什么以及不该做什么，有时适合别的企业的策略不一定适合你，你必须结合企业的基因采取行动。理查德·鲁梅尔特说："出色的调查分析能够确定当前形势中至关重要的方面，往往看似十分复杂的事情就会变得简单。"

盲目跟风的最高境界就是"人有我有，人有我优"，就是你有的我也要有，你有的我做得比你好。我想很多人都熟悉这个观念。像上面讲的这两个案例就是这种倾向。这就不奇怪中国企业会出现一窝蜂现象，共享单车出来后，摩拜、OFO、哈啰、骑呗……层出不穷，本来是出行工具，最后变成"自行车坟场"。本来是一件非常好的创新，最后却造成资源浪费。

"人有我有，人有我优"这个观念很有道理，但很没有意义，几乎就是一句空话，或者说是一句完美的废话，甚至是一句毒害创业者的病毒，但大家就是在这上面重复地犯错。不调查分析，别人做你也做，别人做你做得更好，那么的多竞争对手，你哪里做得到？企业的资源和能力都是有限的，你会被这个观念害死，它会把你的眼光拖入竞争对手的泥淖。

这种竞争是无效竞争。可以说紧贴竞争对手的竞争是无效竞争，你必须有你自己的主张和坚持，塑造自己企业独到的优势。就像美国当年西部淘金一样，大家彼此蜂拥淘金，有一个人发现他可以给工人做工装，将原本用来制作帐篷的粗糙帆布替当时的采矿工人制作了第一条牛仔裤，因为牛仔裤的耐用迅速获得了采矿工人的欢迎，最终他成就了一家非常厉害的服装企业，它就是Levi's。

在如今局势十分复杂的时代环境之下，不能盲目跟风，必须冷静下来深入调查分析局势，了解自己企业的现状，以及你的优势和劣势，这样才能更好地指导企业决策和行动。找到关键点很重要，那些关键障碍分析清楚，就自然知道该如何行动了。

（二）跑马圈地VS指导方针

烧钱是互联网的代名词，跑巴圈地是企业的代名词。对于大多数企业来说，"做大做强"是最佳选择，一定要抢占市场，一定要把自己的触角伸出去。

一家知名的连锁企业，每年以100家店的速度扩张，他们的CEO公开演讲说我不跑快点，市场就被别人抢占了。疯狂的扩张必然带来资金链的紧张，资本不得不持续介入，然后就是一场疯狂的资本加圈地游戏。而你想想，如果你企业的运营能力不具备，跑太快，就如同给拖拉机装上法拉利的发动机，散架是迟早的事情。不出两年，这家知名连锁企业就全面下滑，全面步入亏损，面临随时倒闭的困境，从风光无限到步入死亡也就两年时间。

理查德·鲁梅尔特说："指导方针简要列出了为克服在局势分析中凸显出来的障碍而采取的总体策略。指导方针就像高速公路上的护栏一样，引导并约束着人们的活动。"好的指导方针就通过创造优势或利用现有的优势因素来克服局势分析中的障碍，战略的核心元素就是调动优势，即将资源利用效率和行动效率放大数倍。通常好的指导方针产生优势的手段包括：

（1）预见到竞争对手将要做出哪些举动和应对之策；

（2）弱化当前局势的复杂性和不确定性；

（3）指导企业将主要精力集中到某个或某些关键性或决定性的方面；

（4）指导人们做出连贯性的决策，采取连贯性的行动，而且这些行动应该相互依赖而非相互排斥。

据此分析，上述这家企业的跑马圈地的指导方针是错的，它并没解决企业的主要障碍。企业的主要障碍是组织能力问题，并不是市场占有率问题。组织能力不足即使你抢再多的市场也会丢掉，而且由于疯狂扩张导致企业根基不稳，风险会逐步加大，企业必然会出问题。

在培训教育界，有两家企业，一个新东方，一个好未来（原来叫学而思），新东方遥遥领先，后来好未来逐渐跟上，并不断碾压新东方。好未来赢在哪里？客户口碑上，怎么做的？我们来看看好未来、新东方的战略指导方针：好未来在每个市场都要做到第一，而新东方是全面铺开；针对新东方的大班教学，好未来提出小班教学；新东方只是学生听课，好未来家长可以旁听；新东方交完费退费很难，好未来不满意可以退费；新东方依赖名师，好未来聚焦精力研发课程以规避对老师的依赖。

我所在企业投资了一个连锁品牌，创业阶段聚焦解决产品问题。我们通过分析，如果要持续保证品质，必须要解决组织能力，因此我们限定店面扩张数量，用慢步向前为组织能力建设争取到更多的时间，在管理上与竞争对手拉开差距。同时我们聚焦一个城市深耕，而且在一个城市的一个区深耕后再往前发展，这样减少了管理的复杂度，也为我们的解决组织能力提供了保障。这就让我们能聚焦发挥自己的优势，"将主要精力集中到某个或某些关键性或决定性的方面"，所有决策都围绕"组织能力"这个关键障碍来做出连贯性的决策。

（三）频繁乱动作VS连贯性活动

世界闻名的CEO杰克·韦尔奇在GE要求业务必须做到数一数二，做不到的要进行关停。尽管今天有很多人对此颇有微词，认为这会伤害企业创新，但这对于企业发展来说，还是极具参考价值。

身边有个朋友，企业做到60亿元，但最后发现利润几乎没有。他不断地投入新品牌，因为老板相信"不要把鸡蛋放入一个篮子"的战略思想，所以各种业态都涉及，最后发现大部分品牌都是失败的。国内还有一家知名的芯片企业，在企业发展举步维艰时，找到华夏基石给他们做战略规划，我的好哥们夏惊鸣老师是这个项目的负责人，他进入企业深入分析后，发现他们一年中多个研发团队分散研发20多个芯片，但真正发挥价值的没几个，做得好的更不多。老夏提出，必须砍掉多余的芯片研发，聚焦几个核心芯片，从资金、资源、人才等方面全力推进，结果不到两年的时间由原来每年亏损6 000万元变为扭亏为盈。

华为强调"不在非战略机会点上消耗战略竞争力量"，以及杰克韦尔奇的数一数后战略，都是在拒绝盲目多元化，聚焦关键力量打"歼灭战"。

战略的第三个关键元素，就是连贯性活动。理查德·鲁梅尔特说："为了获得良好的结果，各种行动应该相互协调、相互促进，使各方面的资源得到集中利用。"他强调战略就是判断哪个目标最重要，并把资源和行动都集中到这个目标上，而且这些行动需具备协调性，彼此不是相互排斥而是相互影响和加强，就是具有一贯性。

盲目多元化，分散精力式经营，把有限的能力消耗在无限的无效动作中，会让你彼此矛盾，互相冲突，最后发现做得越多，对组织危害越大，行动越多对大家积极性打击越大。盲目地多元化，是战略的大敌，很容易在频繁的乱动作中消耗掉组织的核心资源和能力，使得组织变得不堪一击。

三、目标清晰

目标清晰解决了组织大方向问题，战略得当解决了组织该如何行动及为什么行动，但这跟员工有啥关系？你可以说有关系，也可以说没关系，员工真正关心的是他自己的目标问题。因此组织必须给每个员工都设定清晰的目标，让他们知道该如何发展，而且这个目标一定是愿景及战略的分解。

这就不得不谈绩效管理，它直接承接着落地愿景与战略，并为员工树立清晰的职业目标。我们先来解读一下绩效管理的概念，绩效管理它是由绩效目标设定、绩效辅导/反馈、绩效评估/考核、绩效结果应用4个流程循环匹配的过程；绩效管理是一个过程管理，而不仅仅是为了考核一个结果，它是识别、衡量以及提升个人和团队绩效，并且使这些绩效与组织的战略目标保持一致的一个循环的过程。

这里，循环过程很重要，不是说得出考核结果就结束了，它是不断地围绕着企业战略目标通过4个绩效管理步骤（绩效目标设定、绩效辅导/反馈、绩效评估/考核、绩效面谈及结果应用）来提升个人和团队绩效的循环过程（见表1）。

表 1   绩效管理内容

绩效管理"是什么"	绩效管理"不是什么"
通过沟通来实现管理的过程，在绩效管理的四个步骤——绩效目标设定、绩效辅导/反馈、绩效评估/考核、绩效面谈及结果应用——时刻都伴随着沟通	自上而下的监管和评估，只是为了评估员工的业绩状态
定期正式或非正式的反馈与辅导，帮助员工提升绩效，达到员工成长，团队进步的目的	月/季/年度评估会，一次性的评估任务
专注员工价值创造，行为改善，目标达成	专注一些量化的指标
同时强调员工意愿和结果，结果是员工在意愿和自动中产生	只强调结果，结果在考核压力下完成
建立、加强与员工的联系	建立、加强对员工的控制
是一种循环激励、反馈过程	只是一种宣判——"盖棺论定"
员工是积极主动投入的	员工是被动应承的
由主管上级负责	由人力资源负责
总之：着眼于人，着重行为改善，未来的进步	总之：着眼于任务，着眼于过去的错误

绩效管理有三个目的：实现战略、提升管理、发展员工。

企业战略目标，是通过各业务部门、职能部门来实现的，各个部门通过绩效管理来提升绩效来实现目标，最终实现企业战略目标。

通过规范化的工作目标设定、绩效辅导/反馈、绩效考核、绩效结果应用及绩效面谈，改进和提升管理人员的管理能力和效率，促进团队工作方法和绩效的提升，最终实现组织整体工作方法和工作绩效的提升。

通过绩效管理得以不断评估、辅导/反馈、纠偏，帮助员工成长与发展，通过绩效结果应用，带给员工精神、物质激励和职业发展——工资调整、奖金分配、成长晋升、职业发展、培训、福利调整等。[1]

对于我所在企业来说，绩效管理上是一切管理的核心。在绩效管理上，对管理层来说我们重点围绕三个重点目标：员工满意度、顾客满意度、文化传承，对员工来说我们重点围绕两个目标：顾客满意度和企业文化。在考核指标和考核重点上会微调，但考核目标基本不变，长年围绕着这些重点目标来进行绩效管理，这就让大家目标清晰起来，知道该在哪里下功夫。绩效管理本身也是大家工作重心和工作目标本身。这就很好地把组织愿景、战略与员工自身的绩效目标结合起来，实现员工目标与组织目标统一。

▶ 小结问题

1. 组织在哪些方面体现"目标明确"？

2. 清晰的愿景如何体现？

3. 得当的战略是什么？

4. 如何给员工树立清晰的目标？

---

[1] 李顺军：《海底捞对话麦当劳》，化学工业出版社2014年版。

第十六章　规则清晰

一、制度设计

规则清晰，才能清楚地告诉大家什么该干、什么不该干，对于组织来说这就是制度的作用，它既是企业文化落地的一个保证，也是企业文化的一个延伸。

但实际上，很多企业会设计一系列愚蠢的制度来扼杀员工的积极性。比如：员工晋升有工龄限制，就是你不熬到一定工龄就没有资格参与晋升，还有更糟糕的是随着工龄增加定期固定地涨工资；在考核管理者时，重点考人均消费，这就导致为了让自己绩效达标，就会拼命向客人推荐，而不顾客户的消费需求一味地把人均往上拉，甚至虚报人均；而企业管理者选拔上，要求员工投票表决，最终把一些真正敢管的选下去，把一些不得罪人的老好人选上来；有的企业曾列出200多项罚款条目，但表扬条目才20来条，管理者对员工犯错就开单让员工签字，说这是公司规定的……

在企业运营中，我们实在是犯过太多错误，而我们却不自知。很多时候我们看似用一个制度控制了员工，但背后都是在消解团队的活力和积极性。管理者尤其是企业高层管理者有时简直就是企业发展的杀手，他们通过一个个愚蠢的规则来限制员工的活力，却拿着高昂的薪水自以为是地认为自己管理很牛，他们以为控制了员工，实际却扼杀了组织能力的建设。

（一）制度设计原则

制度建设是组织从创业阶段向成长期阶段过渡时必须解决的难题，

如何设计出合理的制度，是组织能力建设绕不开的话题。为了防止拿一套愚蠢的规则来限制员工的能力，在我所在企业，特别制定了《制度设计原则》，它是企业文化中的一个重要组织部分，是制度背后的规则，是我们在设计制度时重点考量的底层逻辑，分别阐明我们对于制度的看法。

《制度设计原则》

一、设计初心

1. 以人为本，法制为形。

2. 以爱为入口，以敬畏规则为出口。

3. 激活团队的活力，调动大家的积极性。

二、设计原则

（一）基本原则

1. 制度化管理，去除经验化、随意化。

2. 数据化考核，去掉主观性。

3. 流程化操作，固化好的操作方法。

4. 清单式执行，避免遗忘和疏漏。

5. 追踪式跟进，保证结果。

（二）基于信任的自主管理，把控制降到最低

（三）抓大放小，简化制度，不断地去形式化

三、设计方法

1. 谁来设计：相关方全员参与制定，达成共识，避免局限化。

2. 怎么设计：围绕初心、原则、文化系统性的思考，聚焦实现目标。

3.设计结构：制度中要有目的、内容、激励。

四、制度运用

1.用思维导图掌握制度，形成脑海图。

2.执行好每个制度，做好细节。

3.优化完善制度，提金点子、质疑。

从工业时代迈向互联网时代，管理也由原有的控制、命令，要求转变为支持、赋能、成就。原来的管理模式通过一个个制度约束员工，必须调整为通过制度来激活组织和激活个人，通过洞悉人性最终释放人性，而不是压制人性。这是如今大多数企业面临的难题，它需要从思维、心态、行为等方面都要做相应的调整甚至是变革。

（二）设计制度必须回归初心

我们在制度设计上，必须回归初心，也就是从最原始的目的上来考量。制度设计为了啥？不是为了控制和约束，而是为了激活，激活组织和员工。"问渠道那得清如许，为有源头活水来"。制度设计是组织活力的源头，如果制度设计出问题了，即使文化理念和战略再好，那也会消解掉组织活力。我们在制度设计上，遵循以下初心：

首先，要以人为本，法制为形。人性是组织活力的地基，如果我们违背人性一味法制化，就会让整个组织冷冰冰地变得没有人情味，而如果一味考虑人情因素法治就不可能，组织就只能停留在人治的状态，永远无法向法治迈进。企业发展，必须从人治走向法治，但法治必须以人性为基础，法治也要考虑人情因素。就是组织在制度建设中，一定要基于人性考量，以人为本，法治为形，洞悉人性、理解人性、释放人性，任何时候的制度建设都不能与人性为敌。

这里的以人为本，是尊重人性而不是反人性。比如，曾经有一个知名企业让员工彼此大胆指正，甚至考核中要有给同事开负面指正的数量要求，这就是反人性，必然把团队搞得一团糟。当然，以人为本不是纵容人性的随意流淌，也就是德鲁克讲的通过管理激发人的善意。

其次，以爱为入口，以敬畏规则为出口。新时代的管理必须体现三个特征：信任、尊重和爱，落到一个词就是"爱"，组织就是要关注员工的成长并成就他们，同时让组织保存人性深处的善，你要对你的员工、客户和合作伙伴有人文关怀。

2019年网易因暴力裁员事件被大家口诛笔伐，而京东创始人刘强东一篇微博却成了2019年冬天里的暖流，他宣布："以后京东的员工只要是在任职期间无论因为什么原因遭遇不幸，公司都将负责其所有孩子一直到22岁（也就是大学毕业的年龄）的学习和生活费用。"无独有偶，在2012年汶川地震后，海底捞董事长张勇也宣布："第一，公司所有同事及其直系亲属，因重大疾病危及生命的；第二，公司所有同事的弟弟、妹妹、子女，因经济原因无法就学的，公司都要帮助解决。"

在商界一直有一个主流思想，就是"股东至上"理论，这个理论是美国经济学家、诺贝尔经济学奖得主米尔顿·弗里德曼的主张，认为企业的首要任务是最大化股东利益。这也是美国企业坚持的主张。

2019年由美国顶级首席执行官组成的名为"商业圆桌会议"发布了一份声明，公开承诺他们将摒弃长期奉行的"股东至上"理念，转而在公司治理中寻求新方向。这份声明由包括沃尔玛、亚马逊和苹果在内的181家美国大公司的首席执行官签署。这些顶级美国公司承诺将致力于为客户增值、投资员工、公平对待供应商、支持社区发展以及为股东创造长期价值。"股东至上"虽然推动了美国经济的发展，但也制造出了更多劳资矛盾。尤其当今崇尚生态化的社会，企业再推崇这样的主张，必然会导致企业狭隘化，容易制造更多的矛盾和短视行为。

德鲁克说：企业是社会的一个器官。企业的良性发展，关乎社会的和谐、员工的幸福、客户的满意度提升等课题。企业不是一个独立的个体，必须放在整个社会系统里进行考量，企业也必须承担更多的社会责任（Corporate Social Responsibility，CSR），这才是一个良性的状态。用好的产品、服务为客户增值；让员工获得好的发展；与供应商等合作伙伴携手共进；推动社会发展；让股东享受长期利益……都是企业承担社会责任要践行的方向。这也是公司治理的方向，它会推动企业向一个良性健康的方向发展，避免企业出现短视行为。

这就是以爱为入口。但这不够，真的爱还必须让大家养成敬畏规则的意识，否则组织就会松散得像散沙一样，毫无纪律可言，大家就会形成堕怠。文化传承和敬畏规则是企业发展的根基，只有培养一批以身作则、践行文化并敬畏规则的人，企业才有未来。

再次，激活团队的活力，调动大家的积极性。激活团队活力有两层意思：一是制度设计要防止成为限制团队活力的愚蠢规则，就是在设计任何制度时，你要思考这个制度能否激活团队、激活组织，能否充分调动大家的积极性。这是非常重要的一点，很多时候一不小心，管理者就变成了消解组织活力的"罪人"，忘记了设计制度初心。有时为了制度而制度，有时为了约束和控制大家而设计制度，而有时为了解决眼前问题打补丁一样设计一堆彼此矛盾冲突的制度，眼前看似乎解决一个问题，但长远来看却为组织发展埋下隐患。二是任何组织的发展都会或多或少出现组织惰怠、管理僵化、流程固化、业务固化、创新乏力的局面，形成组织黑洞进而吞噬组织活力，使组织迈向死亡，必须通过制度设计来抵御组织黑洞，让组织保持活力，以确保持续发展。华为把这种组织黑洞称为熵增，熵是物理学概念，华为把这个概念引入组织管理，"熵就是无序的混乱程度，熵增是世界上一切事物发展的自然倾向，即从井然有序走向混乱无序，最终灭亡"。①

（三）我所在企业制度设计遵循五个基本原则及两个关键原则

五个基本原则：

1. 制度化管理，去除经验化、随意化。这是个制度设计的前提及目标所在，就是随着企业发展，一定要进行制度化管理，去除人治的经验化、随意化影响，用基于人性并激活组织的合理制度来说话，把人为因素降至最低。

2. 数据化考核，去掉主观性。这是整体企业考核制度方向，用数据和案例等事实说话，去掉感性、感觉、感官等主观因素，尽量客观地评估价值和分配价值。

3. 流程化操作，固化好的操作方法。这是整个流程管理要求，用流程替代经验，固化好的操作方法，提升效率。

4. 清单式执行，避免遗忘和疏漏。这是执行的方向，用清单逐项执行，减弱、防止对人的依赖和不确定性，进而避免遗忘和疏漏。

5. 追踪式跟进，保证结果。这是确保成果的关键。成果怎么来，不能指望自动实现，需要用督办等追踪式工具来跟进，最终确保结果。

这五项基本原则，给出管理、考核、操作、执行、结果等方面制度设

---

① 华为大学编：《熵减：华为活力之源》，中信出版社2019年版。

计时要考量的关键点，这里列出的都是一些基本常识和逻辑，只有真正依据这些关键要素设计出来的制度才是合理而有效的制度。

两个关键原则：基于信任的自主管理，把控制降到最低；抓大放小，简化制度，不断地去形式化。

1. 我们的制度设计不是为了控制人，基于对大家的信任，通过合理的制度设计让大家自主管理，而不是处处设障碍和审批，让真正贴近市场和客户的员工拥有自主权，把公司高层的权力尽可能地下放，把一线的权力尽可能地给足，"让听得见炮火的人"做决策。

2. 公司要抓主要矛盾，不处处都想管理，去掉形式化的不产生价值的多余管理动作，给一线留出创造性工作和主动地开展工作的空间。这两个关键原则，是我们设计制度时重点要考量的点，如果做不到这两点，宁愿把这个制度砍掉或索性不出台这样的制度。

关于制度设计具体方法，首先思考谁来设计，我认为通过相关方大家参与达成共识，可以避免局限化，也能防止公司高层唯我主义，以更全面的视角来考量制度涉及的方方面面，同时大家参与制度的制定，培训成本更低，执行效率也更高。

在设计中，一定要围绕初心、原则、文化系统性进行思考，聚焦实现目标——设计一项制度到底想达成什么样的目标，不是简简单单为了解决眼前一个问题而设计补丁救火式的制度。

制度的结构，一定要有目的、内容、激励，须清晰这个制度目的为了什么，内容是具体的、可执行的，而每个制度一定有激励伴随，没有激励的制度就会成为一纸空文。

任何制度都是为了运用，它一定得落到实处，否则再好的制度也没有意义。我们衡量一个制度是否运用和执行到位，首先要看大家是否掌握：

用思维导图掌握制度，形成脑海图；其次要看是否执行好，就是制度要求的细节是否到位，重点看细节；再次要不断优化完善制度，提出优化制度的点子和方案，或者对制度提出你的质疑。

制度设计是关键。只有我们搞清楚制度设计的底层逻辑，我们才能设计出合理的制度，才能真正推运组织发展。制度在落地文化和战略过程中起着非常关键的作用，没有制度保障的文化和战略就是一场美好的梦。下面，我们找出一些影响组织发展的关键制度进行解析。

二、基本干法

华为有《华为基本干法》，它清楚界定了华为发展的一些关键要素、逻辑、规则、方向，或者说是华为取得成功的基本理念、原则和方针。《华为基本干法》起草人之一、华为首席管理科学家黄卫伟教授说："我们在起草《华为基本干法》时曾提出了3个问题，直到今天仍然具有意义。第一，华为为什么成功？第二，华为过去的成功能够使其未来获得更大的成功吗？第三，华为获得更大的成功还需要什么？这就是《华为基本干法》要回答的三个基本问题。"每个企业都应该自己的"基本法"，也都应该回答清楚这三个问题。

针对这三个问题，我所在企业为什么能成功？过去的成功能够使我们未来取得更大的成功吗？获得更大的成功我们还需要什么？我们的答案是：有了人才发展，才会有企业发展，而企业发展要依赖高水平的日常工作和日常管理，且要有良好的伙伴关系和客户关系，并且我们都能遵守一些基本的准则。因此，就产生了我们自己的《基本干法》，内容如下：

基本干法15.0

一、目的

为了更好地践行企业文化，规范企业经营管理行为，为全体伙伴明确发展方向，特制定本干法。

二、适用范围：全体员工。

三、人才发展

1.管理者一律以内部培养为主。

2.人才培养是管理者的核心工作，也是管理者的核心考核指标。

3.我们时刻以"高标准、严要求、强力度、力求完美"作为准则，因此只有不断追求优秀的伙伴才能在企业得到更好的发展，对于不能勤奋好学、停滞不前的伙伴，将给予降级或淘汰。

4.企业只培养愿意成长、主动突破、自主管理强的伙伴，对于消极、被动、懈怠的伙伴要限制发展或淘汰。

5.良好的工作习惯和职业习惯，是成功的法宝，是培养人才的入门方法。

6.我们倡导"能干、会玩、好学"的人生主旨，把工作干到极致，尝试多元丰富的生活方式，不断精进学习，以拓宽眼界、优化思维方式、升级认知和放大格局。

四、企业发展

1.专注核心业务及相关产业投资，门店坚持自主经营不加盟。

2.拓展店面以人才队伍合格为前提，人才梯队跟不上绝不开店。

3.永远不做抢占市场等盲目扩张行为，如果能有品质地做到差异化，那就发展，否则就潜下来夯实内功。

4. 诚信是做人的底线，也是企业发展的底线，对于诚信出问题的人或团队必须严肃处理。

5. 我们会因五种问题死掉：

(1) 心态出问题：管理层失去谦卑心，变得膨胀、自以为是、牛哄哄。

(2) 管理出问题：管理停留在经验化、随意化、个性化，管理者不能职业化、专业化。

(3) 安全出问题：食品安全、消防安全一旦出问题，我们就会瞬间毁灭。

(4) 氛围出问题：当我们变得复杂，表面奉承、暗地抱怨诋毁。

(5) 人性出问题：当我们为了私利不惜代价，失去原则和底线；当我们人性变得黑暗，不择手段、作弊、走捷径、投机取巧等行为蔓延。

6. 文化传承和敬畏规则是企业发展的根基，只有培养一批以身作则、践行文化并敬畏规则的人，企业才有未来。

五、企业决策

1. 提倡质疑、反对盲从。

2. 公司级决策必须经过公司决策委员会共识。

3. 凡破坏顾客和员工满意度、企业文化的任何决策、制度、标准、要求，任何人可以"喊停"。

六、日常工作

1. 企业为大家提供优质的待遇，但绝不允许平庸和混日子的伙伴存在，只有努力工作和努力成长的伙伴，才能在企业发展。

检验伙伴或团队工作是否努力的三个关键点：

(1) 热情度：精神饱满，快速准确。

(2) 投入度：集中精力，专注工作。

(3) 认真度：细节到位，精益求精。

2. 在文化制度允许的范围内，且有利于提升顾客和员工满意度，任何人可以充分发挥，放手大胆去"干"，切忌被动、等待、推诿。

3. 凡不能创造价值和提升效率的可做可不做的工作，定性为形式化工作，坚决予以取消和否决。

4. 杜绝伪勤奋，减少低水平重复性工作，以高效和高质量的工作成绩作为评判价值的唯一标准，不讲"苦劳"。

5. 既要低头做人，更要弯腰做事，我们要做敢于弄脏双手的人，杜绝待在办公室里论天下。任何部门的工作精华都来源于深入现场和一线，深入地洞悉现场和一线的真实状态，这是管理的最大法宝。

6. 坦诚而透明的沟通，清晰的工作目标和工作标准，是高效工作的基础。

七、日常管理

1. 管理者通过不断总结反省、关注他人、提升同理心、成就他人、提升大局意识来放大格局，做不到这些的自私自利者将给予免职调岗或淘汰。

2. 管理者应该具备极强的学习力和奋斗精神，不断成长和自我突破，做不到这些、喜欢停留在舒适区的管理者将给予免职调岗或淘汰。

3. 让认可和表扬成为管理习惯，把暴怒、指责等主观情绪从管理中拿掉，要心平气和且真诚地用事实和案例反馈。

4. 对团队最好的激励，就是大家有一帮优秀的伙伴，相互之间"比学赶帮超"，因此对于低效又无法创造成果的伙伴必须淘汰。

5. 我们坚持基于信任的自主管理，但对于自律性差、自主管理差、屡次触犯公司制度者要进行全方位监控，同时限制发展或淘汰。

八、顾客关系

1. 一切工作以顾客满意为目标，不收取顾客任何小费和礼品(无法推脱上交公司财务服务组)。

2. 以顾客满意为目标，就要不断为顾客创造价值，一切以方便顾客为宗旨。

九、伙伴关系

1. 亲属不能在直管部门工作(仅限于门店)。

2. 不允许给上级送礼、请上级吃饭(结婚等正式宴请除外)及娱乐等，提倡同事间AA制。

3. 不收同行、供应商等任何钱财和礼品(无法推脱的上交公司财务服务组)。

4. 对于离职伙伴，我们要好聚好散，不允许攻击和谩骂。我们欢迎离职员工再次加入，但对于触犯企业底线的伙伴列入黑名单的"永不录用"。

5. 不允许恶意攻击同行，如：给同行写差评。我们要用放大镜看同行的优点，用缩小镜看自己的优点，时刻保持危机意识。跟同行不存在竞争关系，所有同行都是战友、老师、盟友、伙伴。

6. 当我们不去考察、研究一个企业就否定别人、评价别人，就说明我们已步入傲慢和自以为是的危险境地，危机会随时爆发。

7. 任何一个能立足的企业，都有其可贵之处，无论规模大小、业态如何，我们都要谦虚地向他们学习。我们既要学习大企业的规范化管理，也要学习小企业的精打细算。

十、基本准则

1. 拒绝一切采访、报道和分享，公司美食和品牌活动除外。

2. 杜绝一切形式、表面、张扬、浮躁、官僚等言行举止。

三、激活组织活力的机制

在制度设计原则的初心里，有很重要的一点是激活团队活力，调动大家的积极性。为啥特别强调这个，一是怕我们设计出愚蠢的制度限制了员工的能力，二是组织发展必然会面临组织怠惰、管理僵化、流程固化、业务固化、创新乏力等组织黑洞，它会吞噬组织活力，最终把组织拖向死亡的边缘。这里，我们重点来阐述我所在企业在抵御组织黑洞方面所做的努力，如何用良好的机制来激活组织活力。

谈到激发组织活力，华为是标杆，是中国企业学习的榜样，在谈我们企业的实践前，先来看看华为是怎么做的，一方面是跟标杆学习，一方面是对照看看我们自己有没有走偏。

华为创始人任正非把物理学热力学第二定律"熵"的概念引入企业管理研究，是贯穿华为管理的思想精华，《熵减：华为活力之源》的主编丁伟在文章《华为之熵，光明之矢》里这样说："华为之所以不易被人理解，一个重大的原因就是任总的思想源头摆脱了商学院式的理论框架，仿佛黄河源头的九曲十八弯，既有观察现实世界、不断实践的人性感悟，也有横贯东西方的科学和哲学洞察。"

熵是讲自然社会任何时候都是高温走向低温，热量由此进行转移，在一个封闭的系统由此会没有温差，最终达到热平衡，就不再做功，这个过程就是熵增，最后达到熵死，就是"热寂"。它告诉我们一个孤立的系统的熵一定会随时推移，达到最大值，最终达到无序的平衡状态。丁伟把这个概念总结出社会学的意义，即：熵就是无序的混乱程度，熵增是世界上一切事物发展的自然倾向，即从井然有序走向混乱无序，最终灭亡。

企业也是如此，在发展过程中熵由低到高，逐步走向混乱并失去发展动力，最后死亡。那如何解决熵增的问题？一是生命活力，生命通过不断抵消其在生活中产生的正熵，使自己维持在一个稳定且较低的熵状态，生命以负熵为生。这是物理学家薛定谔在《生命是什么》对生命的定义。薛定谔将生命活力称为负熵，它能消解熵增，而企业的发展也是依赖于人的生命活力，任正非由此得出：只有激发华为人的生命活力和创造力，才能得到持续发展的企业活力。

二是耗散结构，即开放的系统。生命需要新陈代谢，它是开放的系统，它是典型的耗散结构。熵增定律是封闭系统的规律，破解这个规律的方法就是建耗散结构。开放性、远离平衡、非线性是耗散结构的3个特征。丁伟总结"耗散结构就是一个远离平衡的开放系统，通过不断与外界进行物质与能量交换，在耗散过程中产生负熵流，原来的无序状态转变为有序状态，这种新的有序结构就是耗散结构。"[1]

上面是华为对熵增以及破解熵增理论的归纳总结（见图2），下面重点来看华为是如何把这些理论应用到企业治理中的。华为判断组织有序还是

---

① 华为大学编：《熵减：华为活力之源》，中信出版社2019年版。

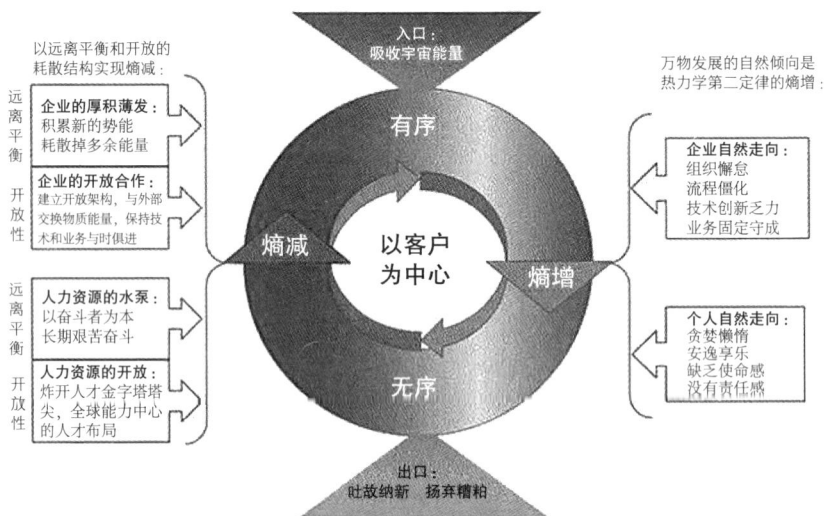

以远离平衡和开放的
耗散结构实现熵减:

万物发展的自然倾向是
热力学第二定律的熵增:

企业的厚积薄发:
积累新的势能
耗散掉多余能量

企业的开放合作:
建立开放架构，与外部
交换物质能量，保持技
术和业务与时俱进

人力资源的水泵:
以奋斗者为本
长期艰苦奋斗

人力资源的开放:
炸开人才金字塔
尖，全球能力中心
的人才布局

远离
平衡

开放
性

远离
平衡

开放
性

入口:
吸收宇宙能量

有序

以客户
为中心

熵减   熵增

无序

出口:
吐故纳新   扬弃糟粕

企业自然走向:
组织懈怠
流程僵化
技术创新乏力
业务固定守成

个人自然走向:
贪婪懒惰
安逸享乐
缺乏使命感
没有责任感

图2　华为活力引擎模型

无序、熵增还是熵减的标准和方向，即是否为客户创造价值，这是华为活
力引擎的轴心，所有的动作都以这个为核心。

从宏观活力引擎上，主要对抗企业之熵，通过厚积薄发和开放合作来
进行。

企业随着发展，用技术和组织能力通过市场行为变现，获得物质财
富，自然会走向组织懈怠、流程僵化、技术创新乏力和业务固定守成；企
业发展后储备大量的物质财富和现金，危机感消失，易陷入惰怠熵死。

厚积薄发就是积聚新势能，耗散掉多余的能量；开放合作就是建立开
放架构，与外部交换物质能量，保持技术和业务与时俱进。这就是意味着
把资金进行战略投入，通过内部和外部组织转化为新的技术、组织能力、
人才、思想等，耗散掉多余的能力，通过逆向做功，把物质转化为能量，
建立新势能，使组织远离平衡和保持开放。这就是华为每年大量的投入研
发、投入巨资咨询的原因所在，通过"深淘滩，低作堰"在聚焦主航道的

同时积极与业界合作，构建高效的产业链和繁荣的生态系统，不断做大产业规模。

从微观活力引擎上，主要对抗个人之熵，通过力资源水泵和人力资源的开放性来进行。

一个人如贪婪懒惰、安逸享乐，必导致使命感和责任感丧失，最终使企业活力下降、动力减弱。人力资源水泵主要是以奋斗者为本，长期艰苦奋斗；人力资源的开放性能炸掉人才金字塔塔尖，谋划全球能力中心的人才布局，用合理的价值分配，撬动更大的价值创造，激发人员活力；建立开放的人才系统，容纳下世界级的多元化人才，吐故纳新淘汰堕怠员工。[①]

我也从宏观和微观两方面来论述我所在企业的实践。

在宏观上，我们通过不断发展，用目标引领我们向前，并保持开放，来提升组织活力。

我们的企业相对务实，没有高速扩张的目标，很注重细节的品质。在发展过程中，必须面临一些难以想象的问题出现，这时我们的几位联合创始人就提出必须夯好细节后再发展，同时发现哪家公司管得不好，就把哪家公司关掉。

表面上看，这样的想法非常务实，能很好杜绝浮躁，能沉下来把细节做好，但实际上这种理念恰恰带来了组织黑洞的出现，大家很容易停留在舒服区，看似在努力但很难真正有所突破。这种状态一旦时间久了，就会出现熵增，大家不够努力；又因企业没有明确的发展目标，员工看不到希望，很容易导致活力减弱。

针对这个问题，我们最终制定出企业在发展中解决问题的方向，就是

---

① 华为大学编：《熵减：华为活力之源》，中信出版社2019年版。

你必须发展，在投入市场中去突破改变自己，能力是打出来的不是等出来的，停下来解决问题你永远不知道问题在哪里，你必须在"跳下悬崖中长出翅膀"。

干不好的公司，凭啥关掉公司，我们换掉那个不好的领导者就行了。为此我们树立"为行业贡献价值的"使命。在发展中，一方面企业不断发现问题解决问题，同时也会给予团队希望，"夯实管理细节，为行业贡献价值的"的使命更是让我们在使命和责任驱动下不断前行。停下来很容易让大家步入平衡的局面，组织堕怠就不可避免，定出一边发展一边夯实细节的方向，就能打破组织熵增的局面，不断推动企业往前迈进，使组织保持活力。另一方面，我们不断给自己提出要求，我们要对同行业保持开放，与大家互动起来，我们走进别人的企业别的企业也走进我们，彼此开诚布公、不做保留的分享在管理上的动作及认知。

在微观上，通过"能力上、平者让、庸者下"的优胜劣汰机制，让员工保持活力。

首先从分红激励上，每个连锁门店的领导者，都可以不断培养人才去开拓他自己的店，他只需要培养人才即可。公司投资，他享受开拓的每家新店的分红权，上不封顶。这就实现了能者上，让他们永远都有奋斗的动力。

同时，对于绩效有问题的管理者，给予淘汰。我们实行双重淘汰：一是绩效分数低于75分的，绩效当月否决，连续3个月低于75分且没有明显进步的就会被淘汰；二是末位淘汰，同岗位连续3个月排名倒数且没有明显进步的就会被淘汰，也就是说哪怕你绩效在90分，但如果别人都是90分以上，你也很危险。

连基层员工也有淘汰机制。员工实行五星级的晋升机制，员工从入职可以不断晋级，上不封顶，但如果连6个月都没有晋级就会反被降级。同时，我们还不断从高校引进高学历人才、从外面引进相应的高素质人才，做到人才多元化。

这在相当程度上可以规避员工和管理懈怠、停留在舒服区的局面，用华为的话说就是用人力资源水泵激活员工活力，让大家保持长期艰苦奋斗，以防熵增出现让组织活力退化，进而走向死寂。组织的人力资源政策和人力资源管理，是保证组织活力的关键，华为在《人治到法治：华为人力资源管理办法》里指出："人力资源管理是公司商业成功与持续发展的关键驱动因素"，并提出人力资源管理的价值贡献就是让组织始终充满活力。

在我所在的企业，我对人力资源进行定义，认为人不是资源，人就是一个活生生独特的个体，我们应该以人为本对人进行开发，让他们不断从平凡走向卓越。因此把人力资源定义为"人力开发"，具体而言："以人为本，对人的能力和潜力进行开发，使每位伙伴的成长超乎他的想象，进而推动企业走向卓越，最终使人力开发服务组成为推动企业发展的发动机。"

四、地基性的制度

对组织来说，如果要保持正气，避免走捷径、捞偏门和贪腐纵生，必须要有两个制度：一个是诚信制度，另一个是廉洁制度。这两个制度是企业发展的地基性制度。诚信制度，在愿景里面已经重点讲了，这里重点来讲廉洁制度，先看制度内容：

廉洁管理制度

一、目的

为加强公司廉洁文化建设，从根本上解决廉洁自律问题，保持员工队伍清正廉洁，特制定本制度。

二、适用范围：全体员工。

三、管理职责

1.公司决策委员会对各服务组长廉洁事件进行表决处理。

2.公司审计对其他相关人员廉洁事件进行处理。

四、管理规定

1.与供应商及业务合作方合作时必须签订廉洁协议。

2.审计部门不定期对公司内部及供应商、客户等相关方开展廉洁调查。

3.招聘服务组各岗位人员，要严格审查背景和资质，着重考察品德素质及个人经历。

五、廉洁奖惩

1.廉洁处罚

员工有下列情形之一者，经查实，除应退回所有不正当收益外，公司通报批评立即解除劳动合同，并列入黑名单永不录用，情节严重者移送司法机关处理。

(1)弄虚作假、违规操作：仿效上级主管人员或公司管理层签字；盗用印章；财务人员利用付款权力，贪污受贿；挪用公款、公司物料及其他公司财物；虚假报销各种费用；利用职务之便索取回扣或好处费。

(2)泄漏公司重要商业机密、文件资料、数据等使公司利益遭到损害。

(3)擅自接受关联或合作单位当事人的宴请或高档娱乐消费等活动。

(4)向合作方或合作供应商索要或接受回扣、红包、有价证券、贵重物品和好处费等不正当行为；参加供应商或客户之间的赌博活动。

(5) 利用工作为家人和亲友谋取不正当利益或为其从事营利性活动提供便利条件。

(6) 未经公司允许，同时受雇于其他雇主或单位从事第二职业者。

2. 廉洁奖励

(1) 员工举报以上行为，公司给举报人公司通报表扬并奖励现金1万—100万元。

(2) 同行、供应商、客户及其他合作伙伴举报以上行为，公司给举报人公司通报表扬并奖励现金1万—100万元。

(3) 收到同行、供应商、客户及其他合作伙伴给的回扣、红包、有价证券、贵重物品和好处费等，立即上报直接上级和审计部门者，公司通报表扬并奖励现金1万—100万元。

(4) 举报电话：×××。举报人给予匿名保护。

通过重奖，让全体员工监督大家，这比公司垂直审查要有效得多。我们对于贪腐的处罚是很重的，企业贪腐一旦纵生，这组织就没有未来。在廉洁问题上我们处理了一些重要岗位骨干，看似眼前是损失了，但长远来说它能让企业更安全、更健康。

五、企业红线

任何组织都要有自己的红线，这是制度中的制度或规则中的规则，它是基石，一旦触碰必须严惩。我们用高压线来形容，首先是企业高压线，这是企业任何人都不能碰触的，任何人无论职位高低一旦碰触直接辞退，它是我们要做良性健康企业坚守的最后一道防线，其内容如下：

> 威胁、侮辱员工；让员工帮自己干私活；拉帮结派，钩心斗角；小团伙及山头主义；打架斗殴；赌博盗窃；弄虚作假；贪污受贿；在企业乱搞男女关系以及性骚扰；从事第二职业；泄露企业机密。

除此之外，企业高压线，我们还有"产品高压线"，它是我们坚守的产品底线；"服务高压线"，它是我们坚守的服务底线；"安全高压线"，它是我们坚守的安全底线；"财务高压线"，它是我们坚守的财务底线。

很多时候，不怪员工犯错，它往往是因为我们的规则不清晰，或者说规则不够严格。企业在发展过程中，要基于人性建制度，通过合理的制度来扬善惩恶，让大家最终敬畏规则，这样的企业才有未来。

▶ 小结问题

1. 为什么说制度和机制是组织活力的源头？

2. 制度设计的底层逻辑是什么？

3. 如何设计出激活组织活力的机制？

4. 组织应该具备哪些地基性的制度？

第十七章　反馈及时

一、沟通重于一切

谈到反馈，我就不得不先把沟通聊明白。反馈基于沟通，没有良好的沟通，反馈就是无源之水、无根之木，一切都显得索然寡味起来。可以说，沟通重于一切，它也是让管理有效的前提之一。

说话谁不会？在谈到沟通时，很多人会诧异你怎么会谈这么平常的话题。经常你会看到一些人，尤其一些深居要位的管理者，他们往往成为话题的中心，他们显得无所不知，总是喜欢在各种场合唾沫星子飞溅，在面对部下时显得尤为明显。

在一起聚会时，大家本来开开心地准备开始享用眼前的美味，这时伴随着一阵恭维之词"让领导讲几句"，那个坐在主位的领导就缓慢地站起来，伴随一阵虚幻的掌声开始致辞，直到讲得菜冷，大家胃口锐减，他才满足地款款坐下。

当员工出现问题时，领导者苦口婆心地对着员工一通道理讲完，一个小时过去了，但员工心情往往更愤怒而不是更平和，更难受而不是更舒服。

管理者安排工作，往往不说清楚，希望下属去悟，下属干岔了还骂部下没有悟性……

这就是在管理过程中，我们的沟通现状。他们把说话当成沟通，工作中大多数管理者把告知当成沟通。这就出现了，我以为你懂我，其实你也真的以为你懂我，但你真的不懂我。就如同下面这个故事，沟通问题存在于我们生活和工作的方方面面。

美国知名主持人林可莱特一天访问一个小朋友："你长大后想要做什么？"小朋友天真地回答："我要当飞机的驾驶员！"主持人接着问："如果有一天，你的飞机在太平洋上空所有的引擎都熄灭了，你会怎么办？"小朋友想了想："我会先告诉坐在飞机上的人绑好安全带，我挂上降落伞跳出去。"当现场的观众笑得东倒西歪时，林可莱特继续看着这个孩子，想看他是不是一个自私的家伙，没想到，孩子的两只眼含着眼泪，非常悲伤。于是林克莱特问她："你为什么要这么做？"其答案透露出一个孩子真挚的想法："我要去拿燃料，我还要回来救他们。"

从能说话开始，你就尝试着与外界进行沟通，成长了十几年、几十年你也许并不懂得沟通。

（一）沟通的重要性

第一，游戏看沟通。

游戏1：你告诉团队，数1大家拍1下手，数2大家拍2下手，数3大家拍3下手，数4大家拍4下手。然后，你开始数，1、2、3、4、5、6、7……你看大家什么反应。

游戏2：把团队分成三组，成队列站着，你在每组最后一个人背上写3个数字，大家不准说话，按同样的方式依次往前传递，三组全部传到第一个人时，让每组第一个人报出数字。然后换两个数字、一个数字分别试试。

游戏3：把团队分成三组，成队列站着，你小声告诉每组最后一个人同样一段话，大家依次小声告诉前一个人自己听到的话，声音要足够小，不能让其他人听到。三组都完成时，你让每组第一个人讲出他听到的话。

在做第一个游戏时，结果必然是你数到7大家拍7下，可是规则并没有说数7拍7下，大家会按照自己的惯性做事情，日常工作也是如此，你看似讲明白，对方也听懂了，结果却很难保证，甚至大相径庭。

做游戏2，你发现即使一个简单的数字，传到第一个人那里，会产生极大的变异，甚至完全跟你最初写的不一样。为什么？你在别人背上写字时，每个人的理解不一样，那么就会产生歧义，最终产生差异。

做游戏3，你发现一句简单的话，通过一个团队的传递，会变异和走样，少了或多了一些词语很正常，而你传递的句子越复杂则变异得越厉害。可想，一个公司的文件，那么多内容，传达到基层会是啥样。

通过这几个游戏，你会发现很多问题的产生源自沟通的不畅。

第二，研究看沟通。

1995年，哈佛大学研究人员研究数百名被解雇的中高级主管失去工作的原因，结果表明：16%因工作能力差，2%因莫名的原因，82%因沟通能力差。因为沟通能力差，导致他不能有效地领会与表达信息，也不能充分地理解他人与表达自我。

管理上有一个著名的双50%理论，即中高层经理50%以上的时间（开会、指示、评估、谈判、协商）用在了沟通上，可是工作中却有50%以上的障碍都是在沟通中产生的。

普林斯顿大学曾对1万份人事档案进行分析，结果显示：智慧、专业技术、经验只占成功因素的25%，其余75%取决于良好的人际沟通能力。

第三，沟通漏斗。

沟通中还会存在沟通漏斗现象，即心中想传达的信息是100%，自己讲出来就成80%，别人听到60%，别人真正能听懂就只有40%，别人最终行动的只有20%。

　　因为沟通漏斗的存在，也容易造成团队之间存在沟通问题，看似大家都懂了，但真正做起事来发现问题重重，原因就是很多信息被沟通漏斗漏掉了。

　　除此之外，信息随着管理层级的延伸也会出现漏斗现象，总经理心里想的是100%，经过总监、经理、主管，最后到最基层员工，这些信息也会发生减损。而基层员工的信息，也会随着层级的上延发生偏差和递减。当然，这还指的是大家都很客观地传递信息，只是因为理解和表达的差异所致，如果团队中有人刻意扭曲事实，那么这种偏差和减损就会更严重，甚至产生背离和变异。

　　常见的沟通困惑：向上沟通没"胆"；向下沟通没"心"；水平沟通没"肺"。也就是下级员工不敢跟上级去沟通；上级没耐心跟下级员工沟通；平行部门没心情沟通。这种沟通问题在很多企业都存在，只是有的企业进行了规避，降低了这种问题的存在，而有的企业这种问题会肆意蔓延。

　　往往因为沟通的问题，使得团队之间容易产生隔阂和矛盾，虽然只是一点点小事儿，最终导致大家不欢而散。一个简单的沟通问题，会让企业在运营管理中付出惨重的代价。

（二）认识沟通

　　啥是沟通？沟通是指信息、思想和情感在个人或群体间传递与反馈，并达成一致的过程。

　　沟通具有双向性，传送者给予接受者发送信息，接受者要给予传送者反馈信息。通常我们在工作中常把告知当作有效沟通，它缺少的是反馈，双方没有达成一致。

有效沟通有三个关键点：信息发送、聆听、信息反馈；同时要具有3个行为：说的行为、问的行为、听的行为。在沟通中，当对方在说时，你听完未必全懂他的意思，那么就要发问，及时反馈你的想法。理想的沟通是通过信息传递，让双方感受快乐，并形成双赢，最终使得彼此关系更加融洽。

沟通分为语言和非语言。语言类就是通过你的口语表达或书面的图文；非语言是指肢体语言、声音语气、表情等。

在管理中，沟通有以下几种目的：1. 统一成员的行为；2. 激励员工改善自己的绩效；3. 流通信息；4. 表达情感。

（三）同理心沟通

1. 四大不良弊病

"我们在听别人讲话时总会联系我们自己的经历，因此自以为是的人往往会有四种'自传式回应'的倾向。价值判断：对旁人的意见只有接受和不接受；追根究底：依自己的价值观探查别人的隐私；好为人师：以自己的经验提供忠告；自以为是：根据自己的行为与动机衡量别人的行为与动机。

价值判断令人不能畅所欲言，追根究底则令人无法开诚布公。"[1]

这就是我们沟通过程中常有的错误，就是沟通中的四大不良弊病：

第一，价值判断：对旁人的意见只有接受和不接受，选择自己喜欢的听。在这种状态下根本听不到全面的信息，往往只听了自己想听的，对于客观辨别事情不利，导致自己出昏招。

---

[1] 史蒂芬·柯维著，高新勇等译：《高效能人士的七个习惯》，中国青年出版社2015年版。

第二，追根究底：依自己的价值观探查别人的隐私，一边听一边批判否定。对于别人讲的事情不感兴趣，只是对别人的隐私感兴趣，并不停地批判否定别人，结果导致沟通陷入死胡同。

第三，好为人师：似乎在听别人说话，但总想用自己的经验来忠告别人，以寻求自己的价值感，不能平等地对话。

第四，自以为是：根据自己的行为与动机衡量别人的行为与动机，一边听一边演绎，实际是听自己的。

这四大不良弊病，往往会妨碍住我们自己，使得沟通出现片面、主观现象，以至于我们不能通过沟通了解真实的信息。

2. 听重于说

上帝给了我们两只耳朵一只嘴巴是有原因的。

——马克·吐温

做个听众往往比做一个演讲者更重要。专心听他人讲话，是我们给予他人的最大尊重、呵护和赞美。

——卡耐基

有研究表明，在沟通中，倾听占40%、交谈占35%、阅读占16%、书写占9%。可见听在沟通中的重要性。但实际上，沟通中，我们在听上表现得很差，都想急于表达。听，从低层到高境界分别是：听而不闻，假装在听，选择性听，专注聆听，设身处地地听。听的越多，沟通越有效，水平越高的人越会在听上下功夫，他们会克制自己的表达，做到专注聆听甚至设身处地地听。

听不好，主要有以下障碍：环境因素、讲者因素、内容因素、听者因素。要有针对性地进行调适，确保能有效聆听，使得沟通更加高效。

3.同理心沟通

要突破沟通中的四大不良弊病及急于表达的习惯，我们就要运用同理心沟通。

啥是同理心？正确理解他人的感受和情绪，达到互相理解。是将心比心，同样的时间、地点、事件，把当事人换成自己，也就是设身处地去感受、体谅他人。

同理心沟通就是，站在对方的角度，能专心听对方说话，让对方觉得被尊重，能正解辨识对方情绪，能正确解读对方说话的含义。

（四）领导式沟通

沟通的训练，能让你脱离大多数人容易犯的毛病——夸夸其谈、自以为是，能真正的了解到客观情况，让彼此能深度交流。如果，你要成为优秀的领导，就需要更深入地认知沟通并练习。

乔瑟夫（Joseph）和哈里（Harry）在20世纪50年代提出的沟通视窗理论，简称"乔哈里沟通视窗"（见图3），他们将人际沟通比作一个窗口，分为4个区域：公开区、隐秘区、盲点区、未知区，高效沟通就是这

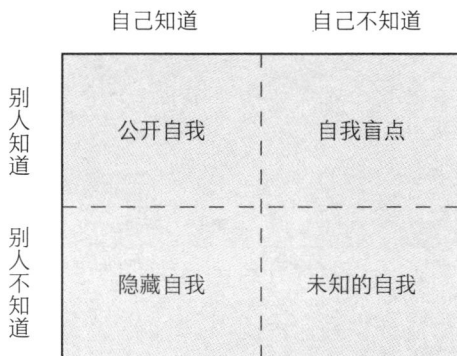

图3　乔哈里沟通视窗

四个区域的有效融合。

公开区（公开的自我），就是你和别人都知道的你，比如：你是一个男的还是女的、你戴着眼镜、你现在比较消沉等。

隐私区（隐藏的自我），你知道别人不知道的你，比如：你最痛恨谁、你暗恋过某个女孩、你的成长历程、你内心的想法、你干过的坏事等。

盲点区（自我的盲点），就是你不知道别人知道的你，比如：你的小动作、说话的态度、某个不经意的特长等。

未知区（未知的自我），你和别人都不知道的你，也是你的潜能区，比如：你不知道未来你能干成什么、还未探明的天赋等。

所有人的人际交往都在公开象限中进行，沟通也更多地停留公开象限，这样的沟通泛泛而没有深度。领导者在带领团队时，要学会深度沟通，也就是通过寻求别人的反馈来改善盲点，或者发掘处于盲区的优点，在这里我们别把盲点理解成缺点，盲点既可能是缺点，又可能是你所不知别人却很清楚的优点；通过分享自己内心深处的隐私来拉近彼此的距离，达到心与心的交流。

主动公开自己的隐私区和主动寻求反馈来改善盲区，领导者就能更接地气，能赢得团队的尊重和信任，建立更牢靠的关系，进而提升自己的领导力。如果说你隐私太多，不能去与团队分享自我，那样就显得高高在上，给人虚伪和城府深的感觉，别人难以走近你的内心，你也无法走近别人的内心。

通过学习乔哈里沟通视窗，领导者反思自己的四个象限的状况，使自己能更清楚地认知自己，也能提升自己与他人沟通的主动性和开放性，更进一步认知自己的不足并学会包容别人。

接受别人的反馈，能减少盲点区；主动分享自己，能减少自己隐私区。这样深入进行后，就能使自己更加透明，更具开放性，包容并欣赏别人，更清楚地认知自己，以使自己更好地开发自己的未知区，也就是潜能区，最终扩大自己的公开区，这样就能更好地与人沟通和交流，使得沟通更加高效。

GROW模型（见图4）是一个最基本的教练沟通模型，是由John Whitmore在1992年出版的《Coaching for Performance》中首先提出来。

图4　GROW模型

它主动帮助别人达成他的目标，挖掘对方的潜能、心理诉求，而不是运用手段去说服别人，以便能更好地发现对方的优缺点，并给予辅导。因此，它也叫领导式沟通，领导力就是影响他人而不是压制别人，运用好GROW沟通模型能很好地提升自己的领导力。

根据意愿和能力把员工分为四种：高能力高意愿型的，要授权给他们，让他们承担更多的事情，获得更好的成长；高能力低意愿型的，要运用GROW沟通给予辅导；高意愿低能力型的，也要运用GROW沟通给予辅导；低意愿低能力型的，要给予指正或劝退。

GROW沟通四个步骤：

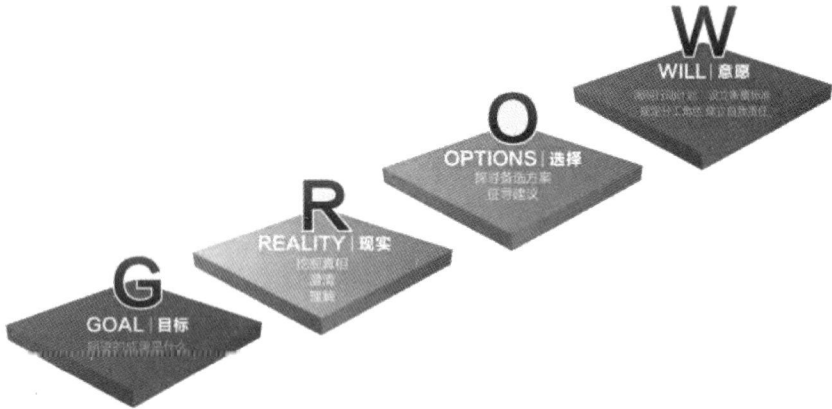

G（goal）目标：让员工陈述目标，或想达成的成果是什么。

这时的问题如下：

我们在这次的任务中要达成什么目标？

你心里的长期目标是什么？

R（reality）现实：支持员工发现问题，并挖掘真相，对现状有个清晰的认知。

这时的问题如下：

现状是怎样的？

目前为止你做了哪些事情？

O（options）选择：围绕目标，接合现状，制定不同的解决方案，用征询的方式给出方案建议。

这时的问题如下：

你会怎么做？

还有哪些备选方案？

还有哪些新的可能性？

W（will）意愿：支持员工阐释行动计划，让员工建立自我责任。

这时的问题如下：

接下来你准备怎么做？

什么时候行动？

需要什么协助和支持？

在GROW沟通中，每个步骤都要伴随四个技能：聆听、区分、发问、回应。

聆听：听出对方的内容、情绪、假设、动机。

区分：要区分对方讲的是事实还是在演绎，是目标或仅仅是渴望。

发问：要用启发和开放性问题，深度挖掘，切忌用批判或提出封闭性问题的方式。

回应：贡献自己的感受和体验，客观地给予反馈。

二、高效的反馈机制

针对沟通中存在的问题，我们在组织运营中，通过建立反馈机制来解决这些问题，以达到高效地反馈。

在沟通中，由于存在沟通漏斗以及信息随组织层级发生递减的问题，会使组织随着发展变得越来越低效。低效会像黑洞一样吞噬组织的活力，使组织在发展中问题重重，难以获得突破。

针对这个问题，我所在企业通过信息充分流通来打破沟通漏斗和信息层级递减，如公司的文件制度以及相关通知，通过信息化手段传到每个员工，就是员工不用通过管理层也能了解到公司的信息；同样，客户和员工信息，通过投诉反馈渠道，让他们的信息能直达公司，不用经过管理层级的筛选。这在很大程度解决了信息的上传下达，使信息充分地流动起来。

为激励员工优化改进我们的工作，提升工作效率，杜绝官僚、僵化现象，提升大家发现问题、解决问题的能力，我们特别制定了《金点制度》，通过"工作优化、大胆质疑、服务组扫盲、蓝军战略"等方面，让全体员工对公司大胆进行反馈。

工作优化：就是让全员推动工作改进，任何针对工作改进的想法都可以。业务一线的员工往往最了解业务，他们是最好的业务工作创新改进者，公司要做的事情就是激励他们去创新和优化改进工作。

大胆质疑：就是让大家保持独立思考的能力，这也是我们《基本干法》"企业决策"里"提倡质疑、反对盲从"理念在制度上的一个延伸。任何人都可以针对公司的文化制度、标准流程提出质疑，公司不反驳、解释，只接纳反思，同时避免拿质疑在工作中说事。

服务组扫盲：就是为了帮助公司职能部门改进工作，在"乔哈里沟通视窗"里讲了每个人都有盲区，公司职能部门更容易存在盲区。因为他们的工作往往是知识或智慧型的，工作成果往往不会直接呈现，很多时候是间接呈现的，只有激发他们服务的对象来反馈他们的盲区，才能更好地帮助服务、改进自我。

蓝军战略：这是公司非常重要的一个理念，我们不希望在企业内出现一言堂，或者大家都被动盲从，通过让核心管理层对文化、制度、管理提出质疑意见，让公司增加多元视角，以更好地优化管理。

对于上述大家提出的反馈，公司组织评审，对于含金量较高的点子给予重奖，并公开通报表扬和积分加分，同时给予绩效加分——管理者自己的金点子总绩效加5分，部门员工提交的直接主管加3分、上级经理加2分、上级店长加1分。

对于全年都提不出金点子的管理者，我们会给予淘汰，因为我们认为每一个岗位它不是一个职位这么简单，它就是一个"平台"，我们只为真正能推动公司发展的人提供更好的平台。那你占着这个平台一年连个金点子都没有说明你只是一个被动的工作者，这样的管理者不是我们所需要的。

为了更好地扩大自己的公开区，让自己更透明、更有力量，我们提倡自我反省、主动分享，并不断地去寻找他人的反馈来改进盲区。这是我们管理者每天都要总结的关键点，我们称为三思——一思自我深度的反省；二思寻求他人反馈；三思明日工作计划。

在日常工作中，员工表现得好我们会及时激励，对于出现问题的员工我们也会及时进行成长反馈——批评、辅导、沟通等——我们公司认为每个问题的出现都是成长的机会点因此不叫负激励而叫成长反馈。

对于管理者我们每个月都会由相应的上级部门用"成长反馈表"给予详细的反馈，主要围绕"管理素养"和"管理技能"两个关键点进行，具体内容如表2所示：

表2　管理者成长反馈表（成长什么—成长内容）

关键项目			关键行动	各级别管理者评价重点			分值	评分	备注
				主管	经理	组长			
管理素养	入门素养	情商（抗压）	1. 情绪管控 2. 抗压抗挫 3. 同理心（换位思考）	1、2	1、2、3	1、2、3	10		

（续表）

关键项目		关键行动	各级别管理者评价重点			分值	评分	备注
			主管	经理	组长			
管理素养	入门素养	自省能力（改变） 1. 自我发省 2. 自我认知 3. 自我改变	1、2	1、2、3	1、2、3	10		
		学习能力（悟性） 1. 文化制度理解及运用 2. 接受新事物及反馈 3. 尝试思考	1、2	1、2、3	1、2、3	10		
	关键素养	执行力（认真） 1. 标准执行 2. 保证结果 3. 把事做透	1、2	1、2、3	1、2、3	10		
		责任心（承担） 1. 勇于承担 2. 认真细致 3. 工作优化	1、2	1、2、3	1、2、3	10		
		影响力（格局） 1. 以身作则（热情、激情） 2. 关怀和成就员工 3. 公平公正、奖罚分明 4. 持续奋斗、提升格局	1、2	1、2、3	1、2、3	10		
管理技能		检查协调 1. 班前检查、班中巡检 2. 工作安排与跟进 3. 协调日清	1、2	1、2、3	1、2、3	10		
		开会培训 1. 文件会议传达 2. 思路清晰、语言简练 3. 员工理解程度	1、2	1、2、3	1、2、3	10		
		沟通激励 1. 聆听能力、员工接受度 2. 激励制度理解及运用 3. 激发团队的热情和潜力	1、2	1、2、3	1、2、3	10		
		人才培养 1. 人才培养的理解 2. 高效培养员工 3. 高效培养管理者	1、2	1、2、3	1、2、3	10		
合　　计						100		

一、打分标准

9—10分优秀：9分完全熟练按标准和要求开展工作，没有差错；9分以上超越标准和要求开展工作。

8分良好：能熟练按标准和要求开展工作，大部分合格，偶尔出现差错。

7分合格：基本能够按标准和要求开展工作。

6分及以下差：不能按标准和要求开展工作。

二、打分人：主管由师傅、经理/厨师长、店长共同打分，主管级以上人员由师傅、店长、公司服务组共同打分。

三、激励：反馈的灵魂

及时的反馈，一定离不开激励，它是反馈灵魂，所有的反馈最终都是为了达成激励的效果。游戏中是这样，工作是这样，人生也是这样。下面先谈谈我对激励的认知，然后谈谈我所在企业是如何做激励的。

（一）激励无处不在

一句赞美和嘉许，一个认可和肯定，一份奖励和表彰……会产生让你意想不到的效果。

生活中我们激励与被激励着；工作中我们也激励与被激励着；我们整个人生都伴随着激励与被激励。没有哪个人敢说自己不需要激励，激励可以说无处不在。

我是一个非常平凡的农村孩子，没有任何资源和背景，也不聪明，更没有特殊的才能，且有一堆毛病，如：敏感、自卑、傲慢、人际能力弱、不专注……我一步步克服自身的问题，让自己不断突破自我，取得了一些超越我自己期待的成绩，心智也逐步成长，这离不开激励——领导激励和自我激励。

刚工作那会儿，自己啥都不是，没经验、没资历、没技能，很迷茫，而且被朋友和家人很高的期望撑在空中，这时渴望激励，一句表扬、一个苹果、一双袜子都让自己兴奋不已，同时在自我的愿景激励下克服每天17个小时的高强度工作。

职业初期，好的企业和领导者会激励你，差劲的企业和领导者会打击和否定你，你要学会自我激励，当别人把你不当回事时，自己一定要把自己当回事。在这个时期，三本书也深深地激励着自己，稻盛和夫的《活法》《干法》和克里希拉穆提的《人生中不可不想的事》，在前辈哲人的引导下开始反思：人除了每天的吃喝拉撒、工作挣钱、养家糊口外，活着的意义到底是什么？

随着自己的成长，也会遇到天花板，迷茫再次出现，你不知道自己该往哪里走，到底做到啥程度。在这种状态下，有的人选择堕落，有的人选择混日子，有的人选择探索。我选择了探索，一次一位落魄的"算命大师"主动帮我看了八字，他说我未来可以做到以下四点：（1）具有极强的专业能力；（2）有很高的文学造诣；（3）在网上很有影响力；（4）名扬天下。

这名落魄的"大师"自己会算，可炒股让自己赔得倾家荡产，也让别人差点赔得倾家荡产，谁还会信他的话呢？尽管如此，我信了，且在这些话的激励下我不断升华自己，让自己尽量能配得上，并深信能做到。然后自己不断加强管理专业技能的学习和实践，成为企业高层，出版了管理书籍，在业内有了一定的知名度，并登上北大讲台，算是一步步地接近"大师"所说。

在外界的激励下，自己更加有动力和激情。而随着一天天的精进，你会看到你在思维、技能、为人、物质方面的进步，身边原来同水平的人也开始与你拉开差距，浮躁、自我、官僚、张扬等人性又会把你带向沟壑，还让你无法仰望星空（注：王尔德——我们都生活在阴沟里，但仍有人仰望星空）。怎么办？这时需要你寻找到人生的意义和使命，你甚至不在为自己而活，在别人都把你当回事时自己不再把自己当回事，因为你心中装着使命和更高的愿景。

接着我定出新目标：成为互联网时代的"德鲁克"，为新时代管理贡献力量，并努力登上哈佛讲台，分享管理。在使命和更高的愿景引领下，我去掉以往的光环，让自己沉下来聚焦管理研究与实践，开始写领导力系列《领导力就是不装1：游戏化思维引领管理变革》(也就是本书)、《领导力就是不装2：组织人才涌现之道》、《领导力就是不装3：领导者自我修炼》，以及系统解读管理实践的《管理高手是怎么炼成的》和自我管理书籍《出身不决定出路》。在这样目标的激励下，在任何时候、任何地方，我都不会懈怠，我会持续奋斗，不断让自己精进，外界的鲜花、职位、物质已经变得不重要。自己因此变得更加谦虚、务实，至于能不能实现这样的目标，变得一点都不重要，因为在高目标的激励下我会过好每个当下。

用好激励，你能从平凡到非凡。自我激励到位，你可以由平凡变得非凡；团队激励到位，团队会由平庸变得卓越。好的领导者都是激励高手，他们首先是激励自己强大起来然后激励团队卓越。

啥是激励？简单粗略的理解，激就是激发，激发动力、意愿、潜能、行动，更多倾向内在因素；励就是鼓励，鼓励好的言语、思维、心态、行为、方法，更多倾向外在因素。专业点的解释：激励指持续地激发人的动机和内在动力，使其心理过程始终保持在激奋的状态中，鼓励人朝着所期望的目标采取行动的心理过程。

为什么团队需要激励？

（1）好团队：好团队会让大家有归属感、成就感、价值感、幸福感，这需要透过激励来实现，没有激励就不可能有归属感、成就感、价值感、幸福感，尤其是成就感和价值感，它只有通过认可和嘉许员工才能感受得到。

（2）人性面：人性深处，大家都希望被认可、欣赏、嘉许、表扬、鼓励，只要是人谁也逃脱不了，因此在管理中我们提倡顺人性而为，反对逆人性光是批评和否定——但实际管理中大多数管理是在逆人性管理——它们的结果不会好。

（3）社会面：人是社会性的动物，都渴望被尊重和重视。只有激励才能让员工感受到他是重要的，因此会让他感受到极强的存在感，更好地让他在社会上自信快乐的生存。

（4）管理的本质：管理者通过团队来实现工作目标，通过激励不断倡导和反思来树立标准和规则。没有激励，管理寸步难行，沟通和激励可能说是管理的左膀右臂。

（5）文化传承：一个团队，一定要有自己正确的价值观和理念，否则那只能叫团伙。再好的价值观和理念，得需要传承，你奖励谁、惩罚谁、晋升谁基本就看出了你的文化取向。好的激励才能有效地传承文化，文化是管理的根基，没有文化管理就是无源之水。

（二）激励的要点：7个关键

在激励过程中，我们一定要注意以下7个关键点，只有做到这几点，激励才是有效的。

1. 及时性：任何事后的激励都会打折扣，激励要及时进行，好的行为一定要在第一时间进行嘉许，坏的行为也要在第一时间指出。滞后的激励往往会让激励失去它应有的效果，甚至起反作用，第一时间就进行激励这是激励的第一要领。

2. 案例详尽：案例充分，要有事实和数据，这样才有力度和感染力，忌讳主观随意。我们很多时候表扬别人，但往往发现别人无动于衷，你的表扬让别人毫无被表扬的感觉。为什么？就是你太随意、太概念化，类似于"你很棒""不错"这样的表扬，虽有一定的效果，但它完全无法达到激励应有的效果。

3. 一致性：激励的标准要保持一致，不能随意变换，顾此失彼。同样的人同样的事，如果有的表扬/批评，有的没有表扬/批评，就会让激励引发不满，本来激励是好事就变成了坏事。

4. 奖罚分明：要有原则，好的就要奖，坏的就要罚，切忌该罚不罚，一味讨好。这是管理过程中必须遵守的原则中的原则，管理者就是在不断树立标准和规则，奖励就告诉大家什么是对的，处罚是让大家敬畏规则。管理无法让所有人都满意，这是管理的金线，如果一个管理者大家都觉得他好那一定有问题，要么他没有真管，要么他就在当老好人——拿组织做自己的人情。针对这点，我也特别反对一些组织选管理者让员工投票，这样很容易把一些老好人选上来，但他们往往发挥不了管理的职能。

5. 公平公正：不能看人下菜碟，欺负老实人，要保持公允。很多管理者欺软怕硬，见到不好惹的员工就放松标准，见老实员工就肆意妄为，这就是在伤害组织的公平性。"不患寡而患不均"，公平是组织的底线，虽然说无法做到绝对公平，但必须保持相对公平，而激励的公平、公正又是公平中的公平，不能含糊。

6. 真诚透明：不能虚伪，要透明而真诚。有些管理者很虚伪，假惺惺地表扬员工，这样会让人特别难受和反感，还有就是一些管理者激励不透明，有很多暗箱操作的小动作，这往往会让员工对激励失去信心。管理者一定要真诚地给予员工表扬和成长反馈，并且要透明化，不能有小动作，否则就会失去公允性。

7. 公开表扬、私下批评：公开表扬，小事私下批评，原则性事公开批评。很多管理学者都讲"公开表扬、私下批评"，这只讲对了一半，小事私下批评没问题，否则会造成员工的不满，但对于触碰到组织原则和底线的人必须公开严惩，只有这样大家才能敬畏规则。

（三）激励实践

下面讲讲我所在企业的激励实践。企业有激励，没有罚款，为什么这样？这是因为首先我们觉得员工挣钱不容易，罚款没必要；其次，罚款太多，不合适；太少，没有任何惩戒的作用，索性取消罚款。

激励上我们分奖励和处罚。在奖励上，要公开让全员都知道，也就是形成案例全公司通报，并且给予现金重奖，同时给予积分上的加分。在奖励上我们一般设3个级别：一级口头表扬，会现场发积分牌，并告诉员工他们哪里做得好及为什么表扬他；二级是部门通报表扬（全店或全服务组），并奖励20—100元的现金，一次部门通报表扬会获得20分的积分；三级是全公司通报表扬，并奖励500—5 000元不等的现金，一次公司通报表扬会获得50分的积分。表扬的目的，就是把案例公开出来供大家学习。

奖励也会附加"心得分享"，甚至让当事人在全公司分享自己的心得，这就是从内心深处激发大家的价值感和成就感。

对于处罚，我们坚持小事私下沟通即可，而且我们提倡要以奖励为、主处罚为辅；一旦出现原则性问题，会被公司通报批评，有时直接降职，且会附带"自我反省"；一旦被公司通报，相应地也会被扣掉50分的积分。

这里我要重点讲一下积分。我们的积分直接跟晋级相关，员工不同的级别工资会有很大差异，相应的级别会有积分的要求，每天的表现加分减分，汇总构成一个月的总积分，积分高低会直接影响员工升降级，也就是跟员工的工资待遇密切相关。员工的积分，我们会单独进行排名，排名第一的员工会被评为月度之星。管理者也一样，积分是绩效考核中的一个重要组成部分，权重在总绩效额度中占20%左右，积分多少会影响绩效的分数。

综上，"沟通和激励可以说是管理的左膀右臂"，文化落地和传承需要激励，制度标准执行需要激励，可以说激励是实现管理效果的关键工具，离开激励管理就会成为空谈，任何企业无论是发展到哪个阶段，激励机制一定少不了，下面是我所在企业的《激励制度》。

激 励 制 度

一、目的

为规范员工行为，激发团队活力，创造良好的团队氛围，特制定本制度。

二、适用范围：全体员工

三、激励标准

（一）员工激励

1. 奖励

一级：口头表扬。

二级：全店或全服务组通报表扬（20—100元）。

执行标准：值得全店或全服务组学习的优秀案例（服务、产品、文化）。

三级：公司通报表扬（500—5 000元）。

执行标准：值得全公司学习的卓越案例（服务、产品、文化）并有重大贡献。

2. 处罚（新员工入职10天内不予以一级处罚）

一级：公司通报批评（当月二次降级，如性质恶劣，一次即降级，且可降多级；当月3次降级，立即解除劳动合同）。

执行标准：（1）当月迟到、早退、离岗3次（公司通报批评后，如再次出现迟到、早退、离岗现象，立即公司通报批评）或旷工；严重不按标准执行（知道且能做到但未做到；当月连续3次反馈未改变）；严重违反企业价值观及理念（服务、产品）；严重违反《基本干法》；触犯《诚信制度》。（2）违反安全高压线（食品、消防、财务）及产品、服务高压线，当月1次黄牌警告（门店或服务组群公示），当月2次公司通报批评。

二级：公司通报批评，立即解除劳动合同。

执行标准：违反企业高压线；违反基本用人理念；屡次违反《基本干法》；严重触犯《诚信制度》；触犯《廉洁制度》。

（二）管理级激励

1. 奖励

一级：口头表扬。

二级：全店或全服务组通报表扬（20—100元）。

执行标准：值得全店或全服务组学习的优秀案例（管理、服务、产品、文化）。

三级：公司通报表扬（500—5 000元）。

执行标准：值得全公司学习的卓越案例（管理、服务、产品、文化）并有重大贡献。

2. 处罚

一级：公司通报批评，直接上级负连带责任扣20分，直接上级下发通报除外。

执行标准：当月迟到、早退、离岗3次（公司通报批评后，如再次出现迟到、早退、离岗现象，立即公司通报批评）或旷工；严重不按标准执行（知道且能做到但未做到；当月连续3次反馈未改变）；严重违反企业价值观及理念（产品、服务、管理）；严重违反《基本干法》；违反安全高压线（食品、消防、财务）及产品、服务高压线；触犯《诚信制度》。

二级：公司通报批评立即解除劳动合同。

执行标准：违反企业高压线；违反基本用人理念；屡次违反《基本干法》；严重触犯《诚信制度》；触犯《廉洁制度》。

注：管理级包括正式店长助理和实习、待任命、正式管理者。

（三）附加激励

1. 公司通报表扬，视情况附加"心得分享"（员工500字；主管1 000字；经理、厨师长、店长、组长1 000—2 000字）

2. 公司通报批评，视情况附加"深度反省"（员工500字；主管1 000字；经理、厨师长、店长、组长1 000—2 000字）；管理级公司通报批评，视情况追加"留岗查看、回炉再造、降级（可降多级）"等处罚。

▶ 小结问题

1. 为什么说沟通重于一切？

2. 如何建立有效的反馈机制？

3. 为什么说激励是反馈的灵魂？

第十八章　自愿参与

一、把强迫当成常态

讲自愿参与，是一个非常有挑战性的话题。在真正的日常管理中，管理者往往居高临下、咄咄逼人、自以为是，他们把强迫当常态，把控制当根基，来实现他们所想要而不是员工所想要的工作目标。甚至很多管理和企业根本不把员工当人看，只是把他们当成一颗螺丝钉，当成他们赚钱的工具。这种冰冷式的管理，如今遇到了极大的挑战。

我们先来看一个故事。

汤姆接到了一个无聊的任务，姨妈让汤姆把她房子的围墙给刷了。汤姆虽然百般不情愿，但也只能忍声吞气地去干，"他觉得生命似乎变得很空虚，活着只是一种负担"。他想和吉姆交换去提水，人家不同意，他又想到用自己的东西去收买别人来帮他刷墙，但都不可行，急中生智他想出了一个好主意。

他的朋友本手里拿着苹果悠闲地走了过来，汤姆立刻装出一副十分快乐的样子，故意忽视本的存在，"用艺术家的眼光欣赏自己刚刚涂抹的那一块，接着又用刷子来回轻轻一抹"。似乎他不是在干苦活，而是在享受一样。本一开始对汤姆不屑一顾，看着汤姆干得这么起劲，就跟他聊了起来，本原本以为汤姆只是干了一个苦差事，但汤姆把刷墙描述成一种特权，他说："难道一个小孩子每天能得到刷墙的机会吗？"

本便说:"喂,汤姆,让我刷一会儿吧?"汤姆拒绝了,直到本提出用苹果交换。汤姆才假装极不情愿地把刷子给本。很快其他孩子也来了,他们都掉进了汤姆的圈套,他们都拿东西来换刷墙的机会。

这是故事是美国文豪马克·吐温名作《汤姆索亚历险记》第二章里的故事。接下来,我们再看一个耳熟能详的故事。

有个老人喜欢清静,可附近常有小孩来玩,吵得他受不了。老人想出了一个好方法,他把小孩召集过来,说:我这里很冷清,谢谢你们让我这里更热闹,说完每人发3颗糖。孩子们很开心,天天来玩。几天后,每人只给2颗,再后来给1颗,最后就不给了。孩子们就很生气地说:以后再也不来这给你带来热闹了。老人从此清静了。

我们思考一下,为啥汤姆那么轻松就让本免费帮他干活了,而本却干得很得劲儿?小孩子们本来玩得很开心,老人给奖励后反而不开心了,为什么?

本之所以愿意干活,并拿自己的苹果换一份苦差事,是因为他是自愿参与的,如果汤姆强迫他去刷围墙,他肯定要问题一句"凭啥",甚至汤姆给他苹果他也不一定愿意去干。而第二个故事正好相反,本来小孩是自愿参与在玩,而老人用奖励把它变成了是为老人玩,当奖励消失时自愿也消失,我们看到是自主的退场与消极情绪的滋长。

《驱动力》作者丹尼尔·平克称之为"汤姆索菲亚效应";"奖励有时很

奇怪，它就像对人的行为施了魔法：把有意思的工作变成苦工，把游戏变成了工作。它通过减少内在激励因素，让成绩、创造性甚至是善行都像多米诺骨牌一样接连倾倒。"

你不要觉得这只是两个故事而已，在工作和生活中，我们很多时候把自愿变成控制，把积极变成消极，团队活力低沉往往是管理者管理出来的。我们原本以为，有了管理会增加团队的活力，调动员工的积极性，但事与愿违，往往一些差劲的管理与我们的预期相差甚远，甚至南辕北辙。

"你是一块砖哪里需要哪里搬！"这是很多企业对人才的定义，认为这是企业真正需要的人才，然而这是工业社会的美好的梦幻。谁愿意当这样的砖呢？我相信只要是个人都不愿意，何况是人才，这种表述是一场赤裸裸的人性摧残之战。比这个好点的管理理念就是"胡萝卜加大棒"，这是如今仍然盛行的管理理论，也是很多企业信奉的管理理念。该管理理论认为人只有一边用奖励来刺激，并对他们做得不好的时候进行惩罚，人才能把工作做好。

这是典型的斯金纳行为理论，即人跟狗一样只要有刺激就会有反应，就像一头"驴"，驴头前挂着胡萝卜后面用棒子抽，它就会不停地往前走。很多企业在运用这种"胡萝卜加大棒"式的传统管理方式，他们把员工当"狗"或"驴"，尽管这么讲确实不好听，他们没有把员工当独立的个体来尊重和信任。

然而，比这更糟糕的是"绝对服从"式管理，要么老板，要么高管，他们认为自己是最聪明的，让员工按照他们的要求和命令工作，而员工的想法完全被忽视。我们身边一个老板，全国有80多家连锁店，做十几亿的营业额，但老板对设计、工程、选址都会过问，他的过问不是像别人一样简单关注或停留在审批上，他是要深度参与，并把自己意见强加给专业团队或部门，公司聘请一波又一波高管和顾问，老板最喜欢干的事情就跟这些专家PK，关键最后他还要赢。

这样的老板不是少数，我想在这样的老板下面工作不会有乐趣可言，有的只是摧残和煎熬，即给再高的薪酬也难以留住真正的人才。

"把员工当砖"式的随意化管理、"把员工当驴"式的"胡萝卜加大棒"管理以及"我是权威你是傻子"式的"绝对服从"管理，是我们常见的管理手段。这些基于工业时代的管理思想，针对原来大多都是体力劳动或者叫重复性工作时似乎还有些用，但对于讲究创造和面对知识型工作的互联网时代，这些控制型和粗暴的刺激型管理似乎越来越失效，因而如今很多企业都在开辟新的管理路径。

二、自愿参与 VS 驱动力 3.0

丹尼尔·平克在《驱动力》这本书里，对人驱动力做了三个区分：驱动力1.0时代主要是动物性冲动，如饿了寻找食物、渴了找水源、性冲动等基本的生物性驱动，人和其他动物没有区别；驱动力2.0时代主要是外部动机驱动，因做出特定的行为时环境会带来的奖励或惩罚，我们寻求奖励而避免惩罚；驱动力3.0时代主是内部驱动，也就是工作本身的驱动。

驱动力1.0很普遍，没什么可谈的，在组织管理中我们主要依据驱动力2.0思想，其中著名的思想就是"胡萝卜加大棒"，有两个重要的核心观点："对一个行为加以奖励会让这种行为发生的频率增加；对一个行为施以惩罚会让这种行为发生的频率减少。"[1]

---

① 丹尼尔·平克著，龚怡屏译：《驱动力》，中国人民大学出版社2012年版。

　　然而，当今时代，"胡萝卜加大棒"慢慢在失效，并不像我们想象的那样奖励就一定会带来你所预期的行为，反而会带来相反的行为。这与我们的直觉完全违背，我们一般都认为奖励啥就会得到啥，惩罚啥就会消除啥，然而人是一个复杂的生命体，不能完全用简单的刺激反应理论来解释人。丹尼尔研究发现，"胡萝卜加大棒"存在以下7个致命的弱点：

　　（1）它们会让内在动机消失。

　　（2）它们会让成绩大幅下降。

　　（3）它们会扼杀创造力。

　　（4）它们还会抑制善行。

　　（5）它们会鼓励欺诈、走捷径以及引发不道德的行为。

　　（6）它们会让人上瘾。

　　（7）它们会滋生短视思维。

　　这完全是反直觉的，就像上面的老人给小孩糖果，结果小孩不来玩了，这就是奖励把"有意思的工作变成苦工，把游戏变成工作"。丹尼尔·平克在书里引用了一个幼儿园罚款的案例，罚款不但没有抑制问题，反而助长问题产生。

　　2000年，尤里·格尼茨和阿尔多·拉切奇尼对以色列海法的一些儿童日托中心进行为期20周的研究。这些日托中心每天7：30开门，16：00关门。家长必须在关门前接走孩子，不然就有一位老师得加班。在实验的前4周，经济学家们记录下每周有多少家长会迟到。然后，在第五周前，他们在征得日托中心的同意后贴出了如下告示：

通知：迟到罚款

如您所知，本日托中心每天正式关门的时间为16：00。基于有些家长总是迟到，我们决定对迟到的家长处以罚款。此举已得到以色列私人日托中心管理机构的批准。

从下周日起，若16：00以后接孩子，每次每位孩子将被处以10比索的罚款。罚款数额每月统计，将同其他日常费用一同支付。

您真诚的日托中心经理

格尼茨和拉切奇尼认为通过罚款，可以减少迟到。这就是我们大家通常认为的当某种行为会带来负面结果，大家会减少这种行为。这是"大棒"管理手段存在的价值和意义，管理者通常认为用恐吓、处罚等威胁手段，能减少大家的不当行为，因为人都是趋利避害的理性人。

但实际上，执行罚款后，家长迟到的人数不降反增。这在我们管理中也存在，最早的时候我们企业有罚款项目将近200项，每个月都开罚单，但很多被处罚的行为并没有减少，比如迟到。原本大家还觉得迟到很愧疚，而罚款却会让迟到变得理所当然，甚至有人会说：大不了罚款呗。

因此丹尼尔·平克提出驱动力3.0时代，认为人更少关注某一活动带来的外部奖励，而更多关注这项活动本身的内在满足感。而构成驱动3.0有三大要素。

第一，自主：我做什么，我决定。"也许是时候把'管理'这个词扔进语言学的烟灰堆里了，这个时候需要更好的管理，它需要自我管理的复兴。"自主体现在工作内容自主、工作时间自主、工作方法自主、工作团队自主。"驱动力2·0假设：如果人们拥有了自由，他们就会逃避，自主是一种绕开责任的方法。驱动力3.0则基于不同的假设：人们想要负责任，而确保他们对自己工作内容、工作时间、工作方法、工作团队有控制权，是达到这个目标的必经之路。"[①]

第二，专精：把想做的事情做得越来越好。

第三，目的：超越自身的渴望。

也就是说通过工自主、专精和目的，能带来驱动力3.0。我们为什么谈自愿参与，因为它是构成驱动力3.0的关键要素，能让大家沉浸在工作本身，并愿意负责任、投入、精进地把事情做好。

基于驱动力2.0时代的激励"胡萝卜加大棒"，并不能真正从内心激发一个人，针对机械性、重复性工作也许可以，但对于创造性和思维性工作，它是失效的。我们说过互联网时代是一个讲究创造的时代，因此我们必须升级到驱动力3.0，也就是通过工作自主、专精、目的来构建基于内在的激励环境，而自愿参与是前提，也就是如何把工作内容、工作时间、工作方法、工作团队等设置得更自主，而不是单纯强调控制让大家被动执行。

三、那些牛公司都在试图构建自愿参与的环境

目前世界上著名公司，如谷歌，他们在管理上有很多创举。他们的实践证明了许多管理创新的可能性，也会给很多企业带来启发。

比如：70/20/10原则，这就是一个资源配置的原则，即70%的资源配置给核心业务，20%的资源配置给新兴产品，10%资源配置在全新的产品上，这样既防止在主业上过度投资，也可以对创意进行限制。谷歌认为"过度投资会让人产生固执的偏见，这时大家只能看见那些投入大量资源项目中积极的一面，而无法做出清醒的决策"，这就是要把资源配置给

---

① 丹尼尔·平克著，龚怡屏译：《驱动力》，中国人民大学出版社2012年版。

新兴产品和全新产品的原因所在，否则大家都沉浸在主营业务的美丽幻想中，很难看到它的问题及危机。而为什么要对新产品投资进行限制呢？谷歌相信"充沛的投资也有可能在这个项目动工之前就形成阻力……没有什么比过度投资更能损害创意的发展，就像建筑大师兰克·劳埃德·赖所说的：'人为建筑最为辉煌的时候，就是那些限制最多的时期'。"

除了资源配置外，谷歌的"20%时间"工作方式，更是一个很牛的管理实践。谷歌允许工程师拿出20%的时间来研究自己喜欢的项目，公司不管你把这个时间用在什么地方，只要不妨碍你的正常工作，没人会阻止你做自己喜欢的事情。这个制度给谷歌带来了极大的创意产品，语音服务（Google Now）、谷歌新闻（Google News）、谷歌地图（Google Map）上的交通信息，甚至为谷歌带来很大收入的谷歌邮箱，都是这20%时间的产物。

谷歌认为"这个制度对那些管理严格的管理者起到了制约平衡的作用，让人们得以把时间花在工作不允许的地方。这个制度实践了史蒂夫·乔布斯那句'要以创意为准则，不要信奉等级为圭臬'的格言。我们发现，如果你能放心地赋予员工自由，那么他们大多不会把自由时间浪费在'白日梦'上。"[1]

谷歌作为高科技企业，很多人会认为这种给员工自愿参与的管理模式只适合高科技企业，其实不是，下面我们来看一个传统企业的案例。加里·哈默在《管理的未来》中研究过一个全食超市的案例，非常令人震撼。

加里·哈默说："有这么一家公司，员工可以自己决定商品库存；他们的工作压力并非源自老板，而是源自身边的同事；应聘者的去留是由他

---

[1] 埃里克·施密特，乔纳森·罗森伯格等著，靳婷婷译：《重新定义公司：谷歌是如何运营的》，中信出版社2015年版。

所在的工作团队而非公司管理者决定的——这就是全食超市，通过改变食品零售的游戏规则，创造了一种颠覆传统的、使命至上的商业模式。"加里·哈默指出："全食超市在管理上将民主与纪律、信任与义务、团结的共同体与激烈的内部竞争，完美地融合在一起。"①

下面我们看看他们具体是如何操作的。

全食超市每个门店由大约8个团队组成，他们对门店的各个环节进行管理。新员工入职会被分到某一团队，通过4周的试用，团队成员投票决定新同事的去留，新员工获得2/3以上的票即可留用，甚至全食超市总部的财务、信息技术团队也采用这种策略。

全食认为"决策问题应该由那些受该决策结果影响最大的人作出，雇用谁的问题应该由未来和他共事的人决定"。不仅如此，这些小型团队还负责所有的核心经营决策，如产品定价、商品陈列、人员招聘和促销策略，就像商品选择，团队领导与门店经理商量后，可以自由决定采购能吸引当地顾客的产品品种和库存。

这与我们看到的传统超市由总部制定经营决策完全不同，全食超市鼓励门店在执行公司产品标准的情况下，任何产品都可以进行当地采购；同时在各自的部门中，团队可以自行决定员工的岗位配置，只不过门店经理有优先选择权。

在自治的同时，团队也需要承担责任，每个团队就是一个利润中心，以劳动产出来评价绩效，每周四全食超市都会计算每个门店各个团队每单位劳动工时所创造的利润，绩效超过一定额度的团队将获得奖金。每个团队可以了解到公司的全部的绩效数据，以及各店的数据及门店其他团队的

---

① 加里·哈默、比尔·布林著，陈劲译：《管理的未来》，中信出版社2012年版。

数据，因此没有团队愿意成为落后者。

这种充分授权的当地决策模式与激励大家向最佳绩效团队或门店学习最佳实践结合，让团队之间形成比学赶帮超的氛围，给予大家自由又同时让大家自我约束提升。

这不就是自主吗？员工工作内容自主、工作时间自主、工作方法自主、工作团队自主，这样就能实现真正的驱动力3.0，让员工沉浸在工作本身，正如加里·哈默总结的："这种赋予员工的高度自治权与员工的高度责任感是互相匹配的，保障员工自由运用决策权的同时推动了公司的发展。与其他公司不一样，全食超市的一线员工有充分的权力尽力做好对客户有利的事情，也有充足的动力做好能为公司创造更多利润的工作。"

公司给员工授权就是基于对员工的信任，同时员工也信任公司会给予他们相应的回报，因为他们可以查阅所有薪资状态，而且当员工对薪资不满时有权质疑任何分配的不公。除此之外，一些公司敏感的经营数据、财务数据，都是向员工开放的。全食超市高层管理者认为，如果想构建高度信任的组织，就不能对员工保守公司的秘密。

加里·哈默在书中还提到了一个创新型企业戈尔公司，年销售收入21亿美元，在全球有45个工厂，有超过8 000名员工。这也是一个比较传统的制造型企业，生产服务面料、医药产品、薄膜。

创始人戈尔夫妇的目标就是：创建一个能激发人想象力的公司。戈尔在管理上倡导平等主义，因此在公司没有"老板""总裁""管理人员"，公司没有头衔和等级，有些合伙人只拥有简单的称呼"领导"。而在戈尔公司，高层领导并不任命低层领导，当同事认为某个合伙人能担任领导时，他就是领导，"一个领导的影响力，来自他展现出的做事的能力，以及作为团队建设者的卓越性"。领导的权力不是理所当然的，团队是可以自由罢免它的领导的，这就确保了领导的主要责任是为了被领导者，同时意味着领导无法滥用权力。想想看，这就是工作团队自主！

同时，戈尔会给员工充分的自由，每个员工每周都保证有半天的"自娱时间"，可以启动他们心仪的项目，而这个政策给企业带来了极大的好处，因为公司的大部分产品突破都始于自娱时间的项目。当大家有了创意项目时，他们可以召集愿意参与的人员，将创意发给那些希望贡献力量的员工，如果没人参与也就意味着项目不够好。戈尔的一个工程师说："如果你无法为你的项目召集到足够多的人员，那么，它可能不是一个好主意。"

这就是典型的自愿参与，由于在工作时间、工作内容等方面的自主特性，就能很好地从内在激发大家，而与传统的领导决策和控制形成鲜明的对比。加里·哈默总结说："在这样的组织里，你无法仅仅因为你在更高的层级而贯彻决策；你没有直接下属可以发号施令；如果没有人愿意跟随你，你的权力就消失；你的证书和学历优质不会通过职位得到承认……对于大部分管理者而言，权力与管理头衔和等级的匹配是确定的、令人愉快的、真实的管理生活，而突破性的管理创新通常会击碎组织设计的中心支柱……不管是丰田赋予一线员工的权力，或者是全食超市赋予团队成员的行动自由，还是戈尔公司差异性的地位消失，管理创新几乎总是将权力下放或对外开放。"

无论是谷歌、全食超市还是戈尔，以及我们没有讲到的3M、奈飞等，他们都是在克制公司的控制，进而削减公司或管理者的权力，把决策和行动等权力下放，基于信任的基础而给员工和团队授权，公司大举推行自愿参与，也因此让公司获得了源源不断的创造力。自愿参与能让我们获得自主性，能真正从深层激发人的动力，也就是丹尼尔·平克所讲的驱动力3.0。

是时候该反思我们对人驱动力的假设的时候了，无论是现有管理的有效性，还是组织活力的呈现，都给我们那套基于控制和命令而形成的"胡萝卜加大棒"管理模式当头一棒。传统管理模式不像我们想象的那样美好，控制下没有自由，更没有自愿参与的可能性；而控制是传统管理的假设，大多数组织都认为没有控制组织就会失控，认为不控制员工就会不努力，很明显，这样的思想与我们的研究是相背离的。

在当今时代，自愿参与它不是可有可无的管理理念，它是基于创造力为主的互联网时代必需的管理理念。因此必须重构我们的管理思想，把传统的一些管理假设去粗取精，让新的管理思潮和理念进入我们的脑海，即使我们做出微小的举动，也会让我们在激发组织活力上取得不错的成绩。

下面介绍我所在企业中关于自愿参与的实践，因工作特性和组织能力等原因，我们还只是在试验阶段，取得了不错的效果。

四、我们的自愿参与实践

自愿参与要从招聘开始，就是你得从大家入职前就让他们有自愿参与的意识。通过面试环节，找到跟企业价值观匹配的人，并且也要将企业好的和不好的地方都告诉他们，让他们冲着企业的好能满足他们的预期而进来，同时也能认知到会遇到的困难并愿意去克服困难。很多企业在招聘时，为了能吸引更多人进来，他们会把企业描述成一个理想国，净拣好的说而对于企业的问题避而不谈，这是很有问题的，员工会被企业的好吸引进来，但实际却不是那样，他们就会失望而走。

我们公司在进入各大高校招聘人力、财务、采购等专员岗位时，在双选会或者宣讲会上，我们既会把企业的文化、薪酬福利、良好的氛围、良好的职业发展路径、先进的管理模式等优点告诉大家，同时会坦诚地给大家讲清楚我们存在不规范的地方、工作比较辛苦、有较强的淘汰机制、要求会比较高等，将这些对他们来说不好的地方告诉他们。通过坦诚地沟通和交流，让大家对企业有一个充分的了解后，他们再自愿投简历，我们不希望光讲企业的好来吸引他们进来，我们希望选我们的人首先是愿意克服困难又没有过度预期的人。

大家投完简历后，我们进行简历筛选，合格的进入第一轮复试，复试时我们还会进行一对一的充分沟通，再次把企业的优点和缺陷真诚地告诉应聘者；复试合格者我们会把《企业文化》《基本干法》发给大家提前了解，这时让应聘者对我们的价值观和运营理念有一个具体了解。

然后进入终试，会就《企业文化》《基本干法》里面的理念进行深度探讨，一方面让应聘者深度了解我们，一方面我们也深度了解应聘是否与企业价值观匹配。一般来说，很多企业招聘终试结束也就完事儿了，我们终试结束后，还有一轮长达半年的过程淘汰。

秋季高校招聘在9—11月份开始，到应聘者上岗一般是第二年的六七月份，这半年时间我们会让应聘者开始学习企业的文化和相关制度并且每天要写总结，过程中要考查应聘者学习的态度和认真度、价值匹配度等，小到一个错别字、标点符号如果出问题，我们都会发黄牌警告，同时对于态度不好的进行淘汰。过程淘汰，就能看到一个应聘的意愿度，因为这个考核要求很严，而且时间跨度很大，如果没有极强的意愿一般很难坚持，一旦坚持下来的那真是自愿参与，那他们加入企业后留存率就会很高。

这种自愿参与的方式，我们招聘的高校大学生一般情况下极少流失，虽然招聘过程中付出的代价挺高，但后期却省了不少事儿。通过这一系列的招聘流程，我们找到真正认同企业的人，也就是那些愿意自愿跟企业共进退的人。我们特别怕只用企业的好来吸引那些为只为了薪酬福利而来的人，我们想吸引的是那些更关注自我成长与发展的人，并且我们会不断为这些自我成长良好的人提供更大的发展平台。

进入企业后，我们对于新员工，会进行大量的培训与沟通，把文化讲透、把规则讲清、把思维方式和态度讲明，不断调整大家的预期，帮助大家提升领导力、技能、团队融入的能力。这样就能更好地与大家达成共识，同时帮助他们提升认知高度。入职后，对于不符合企业的人我们还会淘汰，对于状态好的，我们会在职业发展给予帮助，让他们自愿参与到企业的共建中来，而不是把他们当成一颗螺丝钉或工具，一味地控制和要求他们。

同时在日常工作中，我们通过不断优化制度和流程，用良性的机制确保公司为员工赋能，减少控制而尽可能地激发大家的主观能动性。我们在《制度设计原则》里明确提出："基于信任的自主管理，把控制降到最低"；在《基本干法》中强调"在文化制度允许的范围内，且有利于提升顾客和员工满意度，任何人可以充分发挥，放手大胆去'干'，切忌被动、等待、推诿"。

当然，对于那些自主管理差的人，我们明确地告诉大家："企业只培养愿意成长、主动突破、自主管理强的伙伴，对于消极、被动、懈怠的伙伴要限制发展或淘汰。"因此，在日常工作中，管理者什么时候休假他们自己说了算，他们如何开展日常的工作每个人都可以用他们独特的方式，他们如何管理他们的团队也可以用他们独特的方式，只要不违反公司大的原则和明确的制度要求。

对于公司的高层，大家基本都是自主管理，企业没有那么多条条框框告诉他们该干什么及如何干，完全放权，企业只关注他们最终的成果、有没有不断成长、是否在不断自我突破。在2014年时我们就取消了述职，2014年之前管理者每月要做一个PPT汇报自己的工作，发现大家基本拣好的说而对于问题一般都是避重就轻。而且花大量的时间做一个漂亮的PPT汇报工作是劳民伤财的做法，尤其是一线管理者他们本来就有大量的事情要处理，还让他们去搞这些他们不擅长的事情，是非常愚蠢的。我们通过绩效数据来真实反映管理者的工作和成长状况，述职完全没有必要。

在日常管理过程中，管理者一般都是位高权重的人，也往往是经验较为丰富的人，他们最喜欢干的事情就是对部下的工作指手画脚，通过要求、命令部下按照他的思路做事情，以此来寻找存在感，这几乎管理者的常态。你可以看到一个现象，上级管理者在哪里趾高气扬地或者耀武扬威地在那里指指点点，而部下往往在那里畏畏缩缩、战战兢兢地点头哈腰应承，或者就是管理者忙得不可开交而部下不断来请教和领取"妙招"。这就是导致很多企业老板干总经理的活，总经理干总监的活，总监干经理的活，经理干主管的活，主管干员工的活，最不可思议的是一些企业老板直接干员工的活，然后老板还在那里骂员工没用。

我们要求管理者对部下，要学会闭嘴，当部下来请教你时要闭嘴，不要急于给他们方案，而是让他们思考自己拿方案，为什么？你给部下的方案，执行的好是你的功劳，部下没成就感，执行得不好是你的问题，部下没有责任感，你会打消部下自愿参与的劲头，部下完全变成一个被动的执行者。最可怕的是你会帮部下背担子，就是原本部下的责任被部下巧妙地转移到你的身上，而这个巧妙的方式就是请教你。

下级在遇到问题时会积极地向上级请教和提问，往往很多领导以为这样的下级是一个好员工，但一不小心就把责任自己背上了。"店长，能不能给点建议？"员工会跟店长这样请教。当店长意识不到这时下属在通过提问或请教在抛猴子时，店长就背了上猴子，员工会等店长的建议。这时，必须意识到，也不是他们没有好的方法，只是懒得去思考或行动，想从上级处寻找到最佳的捷径。下属提问往往并不是为了寻求解决方案，而是为了找到一个可以解决问题的人！面对这种通过提问或请教的形式抛猴子的行为，最好的方式就是反提问，然后让下级自己把猴子带走。

下属还惯用的抛猴子方法是混淆角色，不知不觉就把责任这只猴子抛给了领导。

采购部的经理急急忙忙地跑来找到老板说："老板，我们遇到大问题了，这批新店装修的材料无法准时到达！运送材料的车出问题了。"这时，老板就会很着急地想办法，没有意识到自己替采购部经理背上了猴子。明明是采购经理的责任，但采购经理用了"我们"，那么责任这只猴子就跳到了老板肩上，对于一个企业来说，我们就意味着是老板的责任。在面对这种问题时，一定要明确角色，慎用"我们"，对于爱使用"我们"的下属要及时纠正，让猴子稳稳地待在他们的肩上。同时，领导在分配工作时只用"你、我、他"，切忌使用"你们、我们、他们"。

在企业里都会存在一些拍马屁的人，拍得好，领导一不小心就背上了责任的猴子。也就是一些下属通过推崇领导来达到抛猴子的目标。绩效专员找到人力资源经理说："经理，你是业内顶尖的人力资源专家！"员工找到工程部主管说："主管，你的维修是工程部里一流的！"人力资源经理和工程部主管在下属的推崇下，很容易就会接过下属的难题，自己开始去行动，殊不知他们背上了原本属于下级的猴子。

领导一定要明白，下属在表扬你、推崇你、赞赏你时一定是有目的。而这时领导是很容易出现像"抢猴子"的现象，为什么呢？第一，有成就感；第二，觉得下属太笨，不如自己干了省事儿；第三，把控权力不愿授权，怕下属做不好。所以，为了避免自己背上猴子，领导要做的事情就是：第一，把成就感让给下属；第二，授权下去，让下属放手去做；第三，对下属多点儿耐心，谁都是从不熟练到熟练的[①]。

我们在制度设计中，让大家参与进来一起设计，甚至由使用部门发起来制定标准流程，公司评审共识，我们在《制度设计原则》中明确要求："相关方全员参与制定，达成共识，避免局限化。"有人会困惑，有些一线部门根本不懂制度设计，他们参与有啥意义？这是个好问题。是的，很多管理者都不懂制度设计，但这不重要，公司懂的人引导大家去设计。

最可怕的就是公司职能部门坐在办公室写制度、写标准、写流程，然后让一线市场部门去执行，美其名曰职能部门是专家，错了！真正的专家是相关制度、标准的执行方。

你不到前线去，你怎么指挥部队打仗？我们为了避免这种坐在办公室里指挥打仗的现象，除了说把职能部门也就是大家常说的公司管理部门改为服务组，还要求服务组的管理人员及专员定期要下一线去感受体验一线，去有炮火的地方看看别人如何作战再来部署工作。我们在《基本干法》里明确指出："既要低头做人，更要弯腰做事，我们要做敢于弄脏双手的人，杜绝待在办公室里论天下。任何部门的工作精髓都来源于深入现场和一线，深入地洞悉现场和一线的真实状态，是管理的最大法宝。"

除此之外，我们出台的《金点子制度》，让大家自己优化工作、质疑公司制度和决策、反馈公司服务组的盲区、站在反对方敢于说"不"。我们不希望让大家变成一只温顺的绵羊，我们希望大家拥有独立思考的态度，是积极自主的工作，而不是被动执行。

---

① 李顺军：《海底捞对话麦当劳》，化学工业出版社2014年版。

有真正自愿参与环境的组织才有活力，才有未来！我们不敢说我们完全做得到，但我们尽可能在向这里努力。一场有趣的游戏一定是自愿参与的，工作就是一场游戏，我们只要尽可能多点自愿参与那么组织就会变得更有活力和更有创造力。

▶ 小结问题

1. 强迫控制与自愿参与有什么区别？

2. 为什么要在组织中提倡自愿参与式管理？

3. 自愿参与能给组织带来什么好处？

4. 如何在组织中开展自愿参与？

总　结

游戏化管理，通过明确目标、规则清晰、反馈及时、自愿参与来实现。

本部分重点围绕这4个特点，从理论研究到具体实践案例来论述，如何组织管理实践中做到。但这只是探索的冰山一角，还有很多需要挖掘和探索的点。希望本书只是抛砖引玉，能引发更多组织和管理者去探索更好的管理方式，最终实现激活组织的目标。

管理无定性！我们必须结合具体的商业实践，找到最适合的管理实践。无论是游戏化管理也好，还是别的管理创新，我们都不是完全抛弃传统管理，而是站在巨人的肩膀上思考新的可能性。因此，我们要在继承的基础上创新，在传承的基础上突破，而不是标新立异或哗众取宠。

务实的管理创新，就是即能懂传统管理的优势与问题，同时又能不被束缚，能突破既有的框架进行突破性思考与实践。

校